会社にとって

人材に勝る戦略はなし！

できる社員の育て方

水内浩秀 著

セルバ出版

はじめに

本書は、人材育成の「Why（なぜ人材育成が必要か？）―What（何をすべきか？）―How（どのように行うのか？）」をまとめています。

「人材育成は必要なの？」「人材育成をしようと思いながら一歩を踏み出せない」「どのように人材育成を進めてよいかわからない」という経営者の方にぴったりです。

経営者の方々は、どのように会社を発展させていこうかと毎日考えておられると思います。

不景気やコロナなど、経営者自身の能力ではどうしようもないことが起こります。そのような環境の中でも、会社を発展させていかなければなりません。ビジネスの環境は目まぐるしく変わり、正解がない問題を考え、行動し続けなければなりません。胃を痛める日々が続いている経営者もおられることでしょう。心中お察しします。

働く人にとって、仕事や会社は、大きな意味を持ちます。1日8時間、1週間40時間を、その場所で使います。通勤や残業などを入れると、もっと時間を使います。仕事や会社が楽しいか、楽しくないか、それによって休日も気持ちが変わってきます。単なるお金の問題だけではありません。

働く人だけではなく、家族もそうです。休日に暗い顔をした家族がいれば、心の底から楽しむことができませんし、何より心配が募ります。

以前の私は、まさにこの状態でした。まだ小学生だった息子にまで、「そんなに辛かったら、会社を辞めたら」と言われたこともあります。この状態までくると、自己肯定感は低く、存在価値も感じなくなります。会社をズル休みすることや通勤電車で「どこか痛くないかな」とばかり考えていました。

このような社員ばかりだと、経営者はますます胃が痛くなります。利益が出るはずがありません。お荷物社員が増えていくだけです。社員数が増えても、仕事の質と量は上がらず、経費が増える一方になってしまいます。

私は、転職をして3社を経験しましたが、その中で会社が飛躍的に大きくなった経験があります。そのときの状況を考えると、「社員が元気」なのです。結果として、会社が発展します。社員が脇目もふらず、目標に向かって全力で走っている感じです。

しかも、やらされや強制ではなく、社員はその様子を楽しんでいるようでした。ウキウキしながら仕事をしていました。でも、決して仲がよいだけの組織ではありません。厳しいことを言い合いながら、お互いを尊重し、同志として前に進んでいました。

今は企業研修講師としていろいろな企業を見ていますが、この様子は変わりません。

会社にとって、一番大切な財産は、「社員」なのです。

社員が、人生も含めて幸せであれば、仕事は必ずよくなります。そのような状態にするためには、「人材育成」は絶対に必要です。

経営者は、つい「社会人なんだから、自分の成長は自分で責任を持つのが当たり前だ」と考えがちです。確かにこの考え方は合っています。しかし、現実は、日々の仕事に疲れ、体力を回復するための休日になっています。同じ時間を働くなら、楽しく成果が出るように働いたほうが、最終的に誰にとっても幸せです。

想像してみてください。イメージしてみてください。

社員全員が笑顔で、楽しそうに働き、各人の能力を最大限に発揮している状態を。

そのときの売上はどうなっているでしょうか？　社会での会社の評価はどうでしょうか？

そのような会社は、必ずつくることができます。

「今は苦しんでいる経営者や社員が、少しでも元気になって欲しい！」──このような想いを込めて、本書を執筆しました。

お客様に喜んで欲しい！　社員を元気にしたい！　自分も幸せになりたい！　周りの人たちも元気にしたい！

こう思っている経営者の方々のヒントになれば嬉しい限りです。

２０２０年10月

水内　浩秀

会社にとって人材に勝る戦略はなし！　できる社員の育て方　目次

第2章 企業理念が会社を大きくする（Why なぜ人材育成が必要か？）

第3章　仕事ができる社員を育成する（What 何をすべきか？）

第4章　会社発展のキーパーソンである管理職者を育成しよう（What 何をすべきか？）

第5章　思いつきの人材育成では社員は成長しない（What何をすべきか？　Howどのように行うのか？）

第６章　人材育成スキルは使い時を見極める（How どのように行うのか？）

第7章　組織での人材育成に取り組もう（What 何をすべきか？）

第1章　社員にとって楽しい会社をつくろう
（Whyなぜ人材育成が必要か？）

1　何のために働くのか

仕事観は人によって違う

あなたは、何のために働いていますか？

私は、研修でよくこの質問をします。研修の受講者は、新卒新入社員から管理職になったばかりの人など様々です。

最近の傾向として感じるのは、若い人は「○○のため」とはっきりと答える人が多いです。50歳少し前くらいからは「何となく」「昔からやってきたので」と答える人が意外と多いのです。若い人ほど希望に燃えていて、経験を積むにしたがって「諦め」が出てくるのでしょうか。

「成長のため」「家族のため」「休みを充実させるため」「社会に貢献するため」「お金のため」など、いろいろな意見があります。何のために働くのかは、それぞれの人の仕事観です。1つでもいいですし、2つでも構いません。多い方だと5つほど挙げます。各個人によって全く違います。働く理由は、人によって当然違います。仕事観も違って当然なのです。

無理に仕事観を変える必要はない

「上司に、お金のために働いている、と言ったところ、怒られた」という話を聞いたことがあります。

これは間違いですね。上司は、違う仕事観を持っているのでしょう。上司の仕事観が正しいとは限らないですし、部下が違うからと言って合わせる必要もありません。

仕事観は個人の中でも、そのときの状況によっても変わります。例えば、まだ独身のときは、趣味や勉強にお金をかけたいので、「お金のため」や「成長のため」ということになることもあるでしょうし、お子様がいる方は、「家族のため」になることが多いようです。

きっとあなたも、10年前と今の仕事観を比べた場合、変わっていませんか？　仕事観は、「こうでなければならない」ということはありませんし、1度決めたら変えてはいけないというものでもありません。

ですので、社員や部下があなたと違う仕事観を持っていても、それを変えようと思う必要は全くありません。

仕事観とは「何を大切にしているか？」ということ

「何のために働いているか？」は、違う言葉で表現すると「その人にとって、今は何を大切にしているか」ということです。仕事を通して、その人の価値観や生き方を聴く質問なのです。その人そのものなのです。

社員や部下の仕事観を否定するということは、その人を否定することと同じです。あなたが自分の生き方や考え方を否定されたら、どう感じますか？　決してよい気持ちはしないはずですし、相手に対して敵意を持つのではないでしょうか。好意を持たない、という生やさしい気持ちではないでしょう。

ポイントは「社員1人ひとりの仕事観を認める」

だからこそ、社員や部下の仕事観を大切にする必要があります。

仕事観や価値観を受け入れるということは、その人を認めるということです。お互いに、人として認め合って初めて信頼が生まれます。

人材育成を行うときには、信頼関係はとても大切です。人材育成で失敗する人の多くは、信頼関係を考えていません。

まずは、相手を認めることからスタートしましょう。

2　仕事とは

仕事観よりも大切な考えがある

仕事観は、1人ひとり違って当然という話をしました。

それでは、「仕事とは何でしょうか?」と質問されたら何と答えますか?

最近は、個人の仕事観が最優先されていますが、おかしな風潮です。最も大切な「仕事の意味」

を知らずに、仕事観ばかりつくろうとしても、本質から離れていくばかりです。
「仕事とは何か？」の意味を理解した上で、仕事観を考えていくことが大切です。

仕事とはそもそも何か？

この質問も研修でよく行いますが、自信を持って答えられる人はいないと言ってもよいくらいです。

「仕事とは、誰かの役に立つこと」です。社会貢献とか難しい言葉を使う必要はありません。「誰かの役に立つ」で十分です。

以前から、「仕事とは問題解決である」と言われています。誰かが持っている問題を解決することです。例えば、私が市役所に行って住民票を発行してもらうのも、私には住民票が必要だけど手元にないという問題があって、それを解決してくれるのです。私の問題解決をしてくれていて、雑用ではありません。

これは、すべての仕事について当てはまります。誰かの役に立っているからこそ、その仕事はずっと存在しているのです。この世の中に、誰かの役に立っていない仕事はあるでしょうか？　ちなみに、「詐欺」は法律違反であって、仕事ではありませんからね。

ですので、仕事や職種によって価値があるとかないとかという議論は、本質から外れた的外れな議論です。すべての仕事は価値があるのです。

「仕事とは何か?」を理解することが最初

社員がどのような仕事観を持っているのかは人それぞれで自由ですが、仕事の定義は誰にとっても変わりません。仕事の定義を理解した上で、仕事観を持っているのが理想です。

多くの人間は、「誰かの役に立ちたい」という想いを持っています。仕事をするだけで、その想いが満たされるのです。

誰かの役に立つというと、寄付やボランティアやNPO活動を思い起こします。もちろん、それらの活動も役に立つのですが、もっと身近に役に立つことができるのです。それが「仕事」です。

仕事では、日々同じ作業を行うことが多くあります。「この作業は人の役に立っているのだ」と考えて仕事をするか、「毎日同じ作業をして飽きるな」と思いつつ仕事をするのかで、大きくその人の存在価値は変わってくるはずです。

作業は同じなので、意識の問題だけです。仕事の定義を知っているか、知らないかで、自分の存在価値を感じるか感じないかも別れてしまいます。

ポイントは「社員に仕事の定義を伝える」

人材育成を行う前に、社員全員に仕事の定義を伝えてください。

一番よいのは、「あなたの仕事が、誰に、どのように役に立っているのか」を具体的に伝えることです。あなたが答を持った上で、一緒に話し合ってみるのもよいかもしれません。

そして、「社員の皆が、もっともっと人の役に立つ人材になって存在価値を上げよう」と伝えると、社員の成長意欲は高まり、人材育成につなげやすくなります。研修でも、この話をするだけで受講者のやる気は急上昇します。

3　福利厚生も大切だけど

従業員満足度と従業員幸福度の違い

従業員満足度をES（Employee Satisfaction）と言います。従業員満足度とは、働く環境がどれくらい整備されているかという点に注目し、従業員の満足度を測るものです。環境に重点を置き、労働条件や賃金、職場の設備などの働きやすさを従業員が判断するものです。会社の労働環境が、一般的に理想とされている労働環境とどれだけギャップがあるのかを知るための調査です。

最近は、「従業員幸福度」も注目されています。従業員幸福度はEH（Employee Happiness）と呼び、従業員の仕事における幸福度を取り入れた指標です。具体的には、従業員がその仕事で感じているやりがいや喜びなどを数値化したものです。日本ではこの従業員幸福度が非常に低いと言われています。

従業員満足度と従業員幸福度は両方とも必要

ハーズバーグの「衛生要因」と「動機づけ要因」の二要因理論は有名です。

【図表1　福利厚生も大切だけど】

従業員幸福度（EH）
・仕事にやりがいがある
・仕事を通して成長を感じる
・会社の一員と感じる
・会社の企業理念は自分の価値観と合っている
・キャリア開発について会社のサポートがある

従業員満足度（ES）
・人間関係が良好である
・待遇や労働条件がよい
・職場の設備が整っている
・成長する機会がある
・企業理念は全社で共有されている

海外の研究結果で、幸福度が高い社員は、「生産性が31％高い」という結果があります。

従業員満足度は、ハーズバーグの「衛生要因」に当たります。労働環境なので、これらが不足すると職場不満足を引き起こします。場合によっては「対人関係」や「上司の指導」なども評価するので、そうすると職務不満足にもつながります。注意する点は、社員が持っている不満足を満たしても、満足にはならないということです。不満足が減少するだけです。非常に勘違いしやすいポイントです。

一方で、従業員幸福度は、ハーズバーグの「動機づけ要因」に当たります。ないからと言ってすぐに不満が出るということではありませんが、「承認」や「達成」があればあるほど仕事への満足度は間違いなく上がります。仕事への満足度が高くなると、売上や生産性にもつながります。従業員幸福度調査を実施する会社も増えています。

このように書くと、「従業員幸福度を上げることにのみ投資すればよいのだ」と思われた方もいるかもしれませんが、その考えは間違っています。衛生要因と動機づけ要因、つまり従業員満足度と従業員幸福度は、非常に関連があります。不満要素が少なくなって幸福度が向上します。土台がない場所には建物は立ちません。従業員満足度と従業員幸福度を同時に上げていくことを考えましょう。

社員にとって一番の不安要素は何か？

土台である従業員満足度について、もう少し深く考えてみましょう。

私は、従業員満足度調査の質問事項を担当者から見せてもらったり、検索して調べることがあります。多くの質問事項がありますが、私はいつも「一番大切な質問が抜けている」と考えています。会社員は、ほとんど考えたことがない項目です。私も会社員のときは考えたことがありませんでした。

その質問は、「この会社は20年後も社会のお役に立っていると思いますか？」です。違う言い方をすると、「この会社は20年後も存続していると思いますか？」になります。

ポイントは「最大の従業員満足は会社の存続である」

今は、消費者やお客様の指向はすぐに変わり、企業はその影響を受けやすい時代です。それは、結局「お客様のお役に立てていない」ということです。

コロナや不景気のような世の中の流れは必ず起こります。そのときに今の従業員全員を、ご家族も含めて守れますか？　取引先を守れますか？　一番大切なのは「会社の存続」であることを肝に銘じましょう。

4　仕事を好きになる

仕事の好き嫌いを言うなんてとんでもない

社員に「今の仕事は好きですか？」と質問した場合、どのような返事が返ってくるでしょうか？「仕事に好き嫌いなんて言うんじゃない」と思うかもしれませんが、この質問は社員が会社をどう思っているかを知るには非常に大切な質問です。「仕事が好き」という質問に答えるときは、その奥に「会社が好きか？」ということが大きく影響します。

私は、会社員のときに、この質問をたまに自問自答していました。「自分は研修講師という仕事が好きなのか？」何度も問いました。「研修講師が好き！」と言い切れたときもあれば、「研修講師は好きだけど」と考えた時期もありました。その違いを考えると、「会社が好きか？満足しているか？」につながりました。研修講師という仕事はずっと好きでしたが、言い切れるかどうかは、そのときの会社内の状況によって変わってきます。

「仕事が好き＝会社が好き」

単に仕事が好きなだけで会社が嫌いであれば、その社員は転職予備軍です。いずれ違う会社へ行く可能性が高いですね。でも、会社が好きで仕事が好きな場合は、将来その会社で大きな活躍をする予備軍です。エリート予備軍なのです。

会社が好きな社員は、「会社をもっと大きくしたいし、よくしたい」と考えています。そして、もし自分が仕事をすることでこの会社を大きくできるのなら嬉しい、と考えます。このような社員が多ければ、当然ながら会社は成長します。

これは、会社だけではなく、人についても言えます。「この人のためなら…」という言い方をします。経営者や上司を好きになることで、もっと役に立ちたいと思うのです。会社が社員にとってこのような存在になれば、そこには成長しか見えないのではないでしょうか。

「経営者が好き」ではなく、「会社が好き」にする

カリスマ経営者がいます。その会社で働く社員は、会社が好きというより、「その経営者が好き」と感じている人も多くいます。その結果、カリスマ経営者が辞めたとたんに、多くの社員も辞めて会社がガタガタになるということは、残念ながらよくあることです。

とくに創業者社長は、気をつける必要があります。事業を創業するときには多くの困難があり、それを乗り越えてきた創業者には人間的な魅力が備わっている人も多く、そこにひかれる社員も多いのです。

一人の人間とすれば、多くの人が慕ってくれるのは嬉しいことです。しかし、経営者の観点から見ると、必ずしもプラスにはならないこともあります。それを考えた上で、社員に会社や仕事を好

きになってもらうには何をすればよいかを考える必要があります。

ポイントは「会社が好きな社員が多ければ会社は伸びる」

社員にとってその会社で働くメリットがあれば、会社が好きになる割合が高いようです。「自分が成長できる」「自分の存在価値を高められる」など何でもよいのです。社員にとってどのようなメリットを提供できているかを考えてみることも、会社の存続と発展を考えるときには必要です。

5　社員にとって「楽しい会社」とは

「楽しい会社」とは何？

「楽しい会社」の定義は、1人ひとり違います。ただ、意外と共通している点も多くあります。

・一緒に働くメンバーと仕事の話をすることが楽しい
・仲間と一緒に同じ目標に向かって進んでいる
・自分の存在が認められ、周りからも意識されている
・仕事の成果がわかり、さらによくすることに努力している

などは共通している点です。

「安定して給与が得られる」などの労働環境面はありますが、どちらかと言えばマズローの「承

認欲求」や「自己実現欲求」を満たすことのほうが社員にとっては大きな影響があります。先ほどの「従業員幸福度」ですね。

仕事を通して何を得られるかが大切である

人間は、自分にとってメリットがあることは積極的にやろうとします。私は、以前ボランティアにも行きましたが、自分自身でも「役に立っている」感を感じるのです。ですから、何度も行きました。仕事も一緒です。最初の仕事観とも通じるものがありますが、仕事をすることで何を得られるのか、どういうプラスがあるのかを社員がはっきりと感じられるようになれば、楽しい会社になる可能性は高いです。

多くの社員にとって共通している部分を整えていくことで、社員へのメリットを伝えていくことができます。前掲の状態はつくれているかを見てみましょう。また、従業員幸福度の調査を行って、点数が低い項目を集中的に行うのもよいでしょう。

多くの社員が望んでいる「成長」

よく「成長」という言葉を使いますが、成長とはどういう意味でしょうか？　どのような状態になれば成長したことになるのでしょうか？

成長とは、「今までできなかったことができるようになる」ことです。この定義から考えると、知識を得るだけでは成長ではありません。今までできなかった業務ができるようになると、それが成長です。

成長したいと考えている人は多くいます。成長することで存在価値が高くなるからです。今まで以上のことができれば、周りからは認められたり、頼られたり、周りによい影響を与えることができます。最近の資格ブームやビジネススクールが流行っているのも、そういう背景があります。

ポイントは「人間にとって成長はキーワード」

人間にとって、成長という言葉が1つのキーワードになります。会社に来ることで、仕事を通して成長できるのであれば、きっと楽しいはずです。

しかし、多くの会社員は、それを感じることなく、「仕事は辛いもの、会社は辛い場所」と感じているかもしれません。それでは会社が好きにならないですし、仕事も好きになりません。社員が成長できる環境、成長を感じることができる環境をつくりましょう。

6　理想的な「会社と社員の関係」

今の「会社と社員の関係」

世の中が変わってきたとはいえ、会社のほうがまだまだ優位です。会社には雇用権があるからです。その社員を雇用するかどうかは会社が決めます。社員の人生は、会社に握られていると言っても過言ではありません。常に主従の関係が成り立っています。

でも、この状態が続くと、会社の発展は実はないのです。すべてが「主」である会社が決めなければ、「従」の社員は動きません。そして会社がよくならないと、社員は会社の責任にします。

このような会社だと、仕事ができる社員ほど他社へ移ってしまい、仕事ができない社員だけが残るようになります。他社では通用しないことがわかっているので会社に残るのです。それでは会社が発展するはずがありません。

会社と社員は持ちつ持たれつ

成功哲学を紹介したスティーブン・R・コヴィー博士の著書「7つの習慣」の中に「Win-Win」という言葉が出てきます。これは、「自分も相手も満足する状態になる」ことを意味します。最近は、ビジネスでもこの言葉はよく使われます。どちらかが犠牲になったり、損失を招く場合は、よい関係は続きません。

会社と社員の関係も、Win-Winでなければなりません。会社にとっても満足する状態であり、社員にとっても満足している状態をつくることが大切です。

社員が安い給料でこき使われていれば、また社員が能力全開で働いて素晴らしい成果を上げているにもかかわらず大事にされていない状態だと、社員は辞めていきます。会社にとっては利益

【図表２　理想的な「会社と社員の関係」】

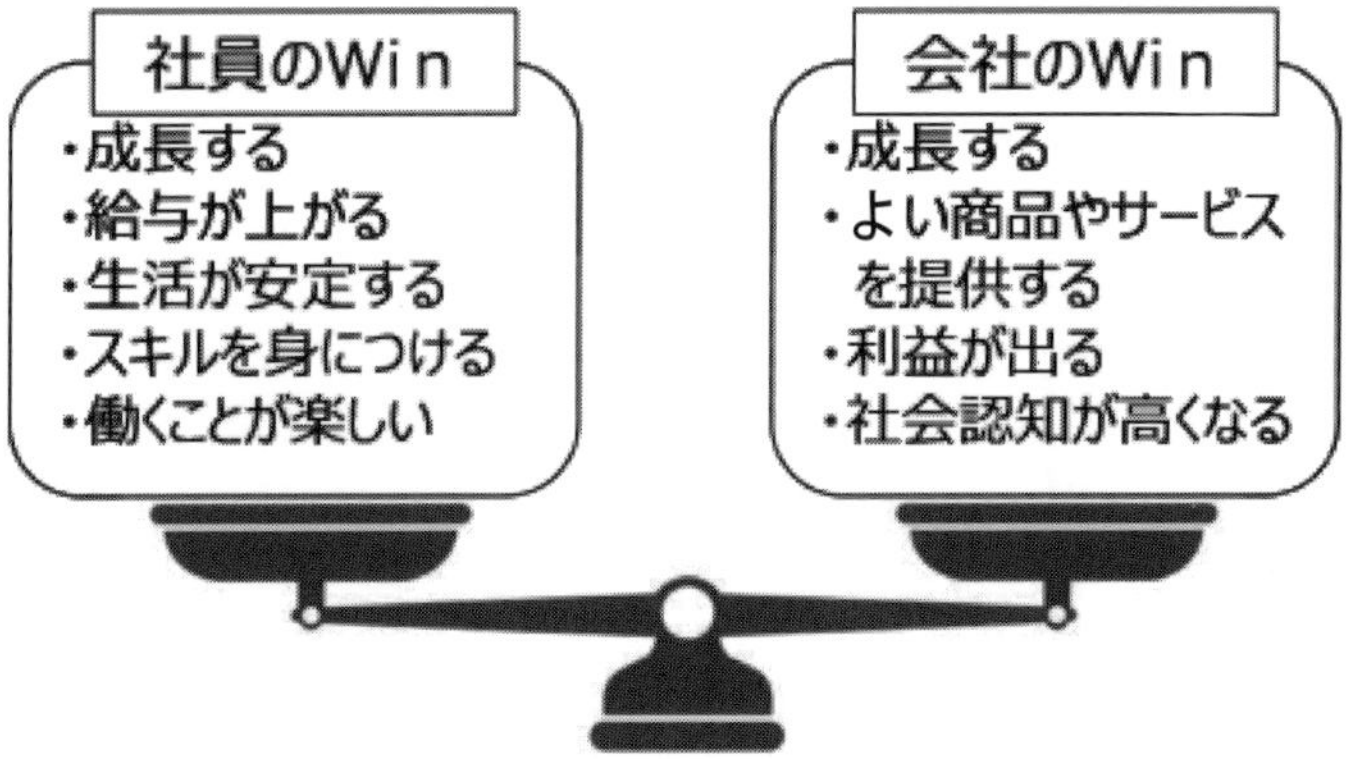
社員のWin
・成長する
・給与が上がる
・生活が安定する
・スキルを身につける
・働くことが楽しい
会社のWin
・成長する
・よい商品やサービスを提供する
・利益が出る
・社会認知が高くなる

が出て一時的にはWinかもしれませんが、社員にとってはWinではありません。会社にとっても長い目で見れば、決してWinではありません。優秀な社員がいなくなるのですから。

ですので、会社にとってもWinであり、社員にとってもWinである状態をつくることが大切なのです。

Winを考えるときの注意点

会社と社員のWinを考えるときに、将来と直近の２つの視点を持つ必要があります。どちらかのWinだけを見た場合は、失敗することがあります。

例えば、社員の将来の成長のことだけを考え、厳しい指導をすればついてこられない社員が出てしまいます。また、社員に飴ばかり与えることで、成長を阻害することもあります。

ビジネスは将来と直近の２つの視点で考えないと発展していかないように、会社と社員のWinを考えるときも２

つの視点を満たす Win を考えていきましょう。

ポイントは「会社と社員は Win-Win の関係になろう」

社員が Win になれば、必ず会社は Win になります。経営者の中には、会社の Win だけを考えて苦しんでいる人も多くいます。

しかし、それは順番が間違っています。まずは、社員の Win を考えてください。そして、お客様の Win を考えてください。そうすれば、やがて売上と利益が上がり、会社の Win を手に入れることができます。

もちろん、たやすいことではありません。どうしても目の前の利益に目が行ってしまうのは仕方ありません。

でも、そこでぐっとこらえて何をすることが必要かを考えてくださいね。そして、会社と社員の関係が Win-Win になるように行動しましょう。

7　職場の人間関係も大切

仕事は他の人との協力が大切

ラグビーワールドカップのときに、「ワンチーム」という言葉が流行りました。日本代表のチームスローガンだったのですが、この言葉はビジネスにも当てはまります。最終的にお客様に喜んでいただこうとすると、仕事は多くの人の手を経る必要があるからです。

商品であれば、計画段階からお客様の手に届く、さらにアフターサービスも含めて、お客様は会社や商品の評価を行います。製造部門だけが、営業部門だけが頑張ればよいというわけではありません。自部署のことだけ考えて行動すれば、結果として会社や商品の評判を落としてしまいます。

何を考えて仕事をしているか

チーム全員がスクラムを組んで、お客様に喜んでいただくことを念頭に仕事をしていく必要があります。個人や自分の部署のことだけを考えていては、よい仕事はできません。

私は、研修講師として自分の知識やスキルを上げさえすればよい研修ができると考えていた時期がありました。最初は、そのようになっていたのですが、仕事量が増えてパンクしてしまいました。そこで、「講義の一部を他の社員に依頼する」「会場の準備をお願いする」など、他の人の協力をお願いしたところ、自分では考えもしなかったほど研修の質が上がりました。空いた時間を自分の勉強にあてることで、受講者に伝える内容もレベルアップしました。

このときは、前後で何が違ったかと言えば、自分がどこを見て仕事をしているのかということです。以前は、研修講師である自分を目立たせることに焦点を当てていましたが、それ以降は受講者の役に立つ研修を行おうという点に焦点が当たりました。

何を考えて仕事をしているかで、全く見えるものが違ってきます。

組織で考えればどうなるか

社員全員が、最終のお客様に喜んでいただくために何をすべきかを考え、行動することです。それは、今まで述べてきたように、会社や自分の存在価値が認められたり、意見が否定されたりしないという安心感が必要なのです。「安全・安心・ポジティブな場」でなければなりません。

研修に行くと、違う部門の不平不満を言っている会社があります。それでは、お客様によい商品やサービスは提供できないですね。お互いに意見を言っても、それは「文句」としてしか受け取られないので、改善が進みません。非常に残念な状態ですね。

ポイントは「信頼し合っている関係をつくろう」

社員全員が最終のお客様のことを考えている組織をつくっていくには、社員同士の信頼が大切です。社員同士が信頼し合っている、部署同士が信頼し合っている、そのような環境をつくることが必要です。

そのためには、会社の方向性をはっきりと定めて、全員がそれを達成したいと思っている風土をつくることです。企業理念が大きな武器になります。企業理念については、第２章で詳しく述べていますので、ぜひ浸透してください。

8　最強の人材育成は「日頃」

研修は１つの手段にすぎない

人材育成と聞くと、すぐに「研修をやろう」と思う人がいます。この考え方は危険です。研修講師の私が言うのも変ですが、一番理想的な人材育成は、「研修をしなくても人材が育っていく状態をつくる」ことです。社員全員でお互いを育成していこうという風土と仕組みをつくっていくことです。

風土とは、「会社での出来事に対して大多数の従業員が取る行動」です。例えば、会社にお客様が来訪されたときに、社員のほぼ全員が席を立って挨拶するのは「風土」です。逆に、大多数の社員が挨拶しなければ、それも「風土」です。

人材育成についても、社員の大多数が「他の社員を育てよう」という行動を取れるような組織をつくっていくことが、会社が存続と発展をしていくための秘訣です。

第１章で伝えたいこと

第1章の内容をまとめると、次のようになります。

・個人の価値観を認めよう

・「仕事は人の役に立つこと」であることを伝えよう
・会社と仕事に誇りを持ってもらおう
・会社も社員も「成長」する組織をつくろう
・社員同士が信頼し合っている組織をつくろう

人材育成を行っていく下地をつくりましょうということを伝えています。

人材育成は、一過性で行うものではありません。長期にわたって行い、最終的には人材育成の風土と環境をつくっていくことが求められます。短期的な人材育成は、お金の無駄遣いであり、期待している成果は出ません。

人材育成は目的ではない！

人材育成は何のためにするのか？　それは、途中でも述べましたが、会社が存続していくためです。

この時代に会社が存続していくためには、維持では無理で、発展していく必要があります。そのためには、「社員の仕事の質」を高める必要があります。それが人材育成です。

これからの世の中は、安定して成長していく時代ではありません。リーマンショックやコロナのように、世界を巻き込んで景気を左右するような出来事が起こる時代です。以前のように、経営者や管理職者の指示だけで会社を動かす時代ではありません。

会社幹部も含め社員全員が、1つの方向性に向かって自分で考え行動していくことができる組織をつくっていく必要があります。

どのような状況になろうと、会社は発展していかなければなりません。表現は悪いですが、新卒を採用するために見せかけの人材育成をするのであれば、研修だけをすればよいでしょう。そうではないですよね？

人材育成を行うことが目的ではなく、人材育成は目的達成のために「すべきこと」です。

ポイントは「研修に頼らない人材育成」

社員全員で人材育成に取り組む風土や環境をつくる過程で、研修を行うことは必要になります。研修も単にスキルを身につけるということではなく、最終的な目的を理解して行うことが必要です。そして、研修や人材育成のノウハウを社内に積み上げていってください。

私は、研修講師なので、このような会社が多くなると「商売あがったり」になりますが、ここを目指しています。1社でも多くの会社が、人材育成を行う風土と仕組みをつくっていただけることを願っています。

第2章　企業理念が会社を大きくする（Why なぜ人材育成が必要か？）

※企業理念は、会社によって「経営理念」「会社理念」「ミッション」などいろいろな呼び方があります。貴社での呼び方に変えて、お読みください。

1　企業理念とは企業の存在価値

企業理念とは何？

会社は、利益追求は行っていく必要があります。十分な利益がなければ、会社を存続させることができません。利益が出ていても、自転車操業であるなら、人材育成や新しい設備にお金を投資することができません。ですので、十分な利益を出す必要があります。

しかし、会社は、利益さえ出していればよいというわけではありません。以前はそれでもよかったのですが、今は「企業の社会への貢献」が求められます。「企業がどのように社会へ貢献するのかを示したもの」が、企業理念です。ですので、企業理念は、公共性がなければダメです。自社が儲かればよいとか、利益第一主義というのは、企業理念ではありません。自社が儲けて、利益を出して、社会にどのように貢献するのかを一歩深く考える必要があります。

企業理念を追求すると売上と存在価値は上がる！

企業理念は、無駄だと思ったり、額縁に入れたまま飾ってある会社も多いです。社員に「企業理念は何ですか？」と聞いても、答えられない会社もあります。もったいないですね。

単純に考えてください。「仕事とはお客様のお役に立つこと」と紹介しましたが、お客様のお役に立てば必然的に売上は上がります。つまり、企業理念を追い求めていれば、売上や利益は上がります。ですので、企業理念をどんどん追求していくべきなのです。

企業の社会への貢献を示すということは、企業の存在価値を示すということでもあります。存在価値とは、お客様から「あの会社があってよかった」「あの商品があってよかった」と思ってもらえることです。社会に役に立つことで、存在価値を高めることができます。

企業理念を追求することで、社会における存在価値がはっきりして、かつ売上や利益が上がる、こんな素晴らしいことはありませんよね。

企業理念は宗教か？

たまに「企業理念は宗教みたい」と言われます。言っている人は、新興宗教のようにお金や時間を提供するイメージがあるのかもしれませんが、宗教の本質は「心が穏やかに生きる」や「周りの人も含めて幸せになる」というものです。

企業理念を追い求めることで、心が穏やかになったり、幸せになるのなら大いに結構ですよね。仕事を通して人生も豊かに生きられるような人間になるなら、その企業や仕事は素晴らしいですよね。しかも、社員だけではなく、お客様も商品やサービスを使用することで心が穏やかになったり、幸せになるのです。これも非常に大きな「社会への貢献」です。

ポイントは「会社の存在価値を明確にしよう」

あなたの会社の存在価値は何ですか？
あなたは社会にどのように貢献したいですか？
まずは、そこをはっきりしましょう。企業理念をつくってください。もしすでに企業理念がある会社は、真剣に浸透させるように動きましょう。

2　会社の存在価値は社員の存在価値

会社の影響力の大きさ

会社の存在価値は、社員にも大きな影響を与えます。日本の場合は、「会社の存在価値＝社員の存在価値」になります。

「○○という企業に勤めています」
「素晴らしいですね」、または「(頭の中で）大したことないな」

これは、会社の存在価値と社員の存在価値を同じに見ている証拠です。どの企業に勤めているかによって、その人の価値まで決まってしまうのです。「会社＝社員」になっています。しかも、やっかいなことに、会社の知名度がある＝会社の存在価値が高いと考えられがちです。ですので、名前が知れた企業に入社したい人が多いのです。

どの会社も存在価値はある！

どのような仕事も社会へ貢献しているので本当はおかしいのです。今は、少しずつこのような風潮も薄れつつあるとは言え、日本の社会においては長い慣習のようなもので、まだまだ根強く残っています。急に変えることはできません。

売上があるということは、１人でも「あの会社があってよかった」「あの商品があってよかった」と思っているという証明です。

売上が上がり利益が出ないとビジネスとしては成り立ちませんが、売上がある限り、その会社は存在価値があるのです。

どうすれば会社の存在価値は高まるの？

企業理念が会社の存在価値であるならば、会社の存在価値を上げるためには、企業理念を追い求めていくことしかありません。中途半端に追い求めてもよい結果は得られません。徹底的に追い求めることが大切です。

企業理念を追い求めて行った結果、社員が成長します。そして、企業理念達成のための話合いができるようになり、チームワークが向上します。

好き嫌いや自部署のメリットだけを考えるのではなく、企業理念達成のためという視点で、お互いが厳しいことを言い合えるようになります。結果として、売上や利益が上がります。

この状態を社員から見ればどうでしょうか？　企業研修に行くと、会社の悪口ばかり言っている社員がいます。それも名前が知れた一流の企業でもです。

もし、人が育ち、チームワークがあり、売上や利益が上がっている会社であるなら、社員は悪口を言うなんてことはあり得ないでしょう。そこで働いていることを「誇り」に思うのではないでしょうか。

そうすると、「会社をもっとよくしたい」と考え、さらに仕事に工夫したり、よくするための意見を出したりするようになるでしょう。

ポイントは「社員が胸を張れる会社にしよう」

あなたの会社の社員は、胸を張って「○○という会社に勤めています」と言えるでしょうか？

世間はともかくとして、社員が「自分の会社が社会に何を提供しているのか？」「自分の会社はどのような存在価値があるのか？」「自分の仕事がそれにどのように影響しているのか？」を即答できるほど会社をよく知っていて、自信と誇りを持っている状態をつくりましょう。企業理念が浸透すれば、必ず社員が胸を張れる会社になります！

3　企業理念と人材育成

企業理念と人材育成は密接な関係がある

今まで企業理念の必要性について紹介してきました。企業理念と人材育成がどのように結びつくのか、ピンとこない方もいると思います。

私は、企業理念の浸透を担当していたときは、会社がよくなることばかり考えていました。企業理念と人材育成が関係があるとは思ったことがありませんでした。

しかし、その会社が合併するときに、ある社員から言われました。「企業理念があったおかげで、私は違う会社に行っても成果を出す自信がつきました」と。この言葉は、当時の私にとっては強烈でした。雷に打たれた衝撃という表現がぴったりでした。

それからです、真剣に企業理念と人材育成について考えたのは。そして、今では「企業理念によって一番メリットを受けるのは社員だ」と考えています。

なぜ社員が一番メリットを受けるの？

会社では、「もっと成長しろ」とか、「どこを見て仕事をしているのだ」など、よく言われます。そうは言われても、社員にとってはわからないのです。どの方向に成長していってよいのか、何を意識して仕事をすればよいのか、考える判断基準がないのです。

私も、そう言われたときは、一応「はい」とは返事をしましたが、本心は「で？」という感じでした。社員が「はい」と言ったからといって理解しているわけではありません。要注意です。

でも、企業理念があれば、すべてわかるのです。「企業理念を達成できるような人材に成長する。そのために自分に何が足りなくて、どうすれば身につけることができるのか？」「お客様に喜んでいただく企業理念だから、それを意識して仕事をすれば楽しくなるよ、きっと」というように、悩まなくてすむのです。主体的な社員は、それをもとに自分でどのように行動するかを考えて決めます。

どのように成長すればよいかがわかる

企業理念は、会社が進むべき方向性ですが、それが明確になることで社員もどの方向に進むべきか、成長していくべきかがわかります。

経営者や管理職者で「部下が指示待ちで、自ら考えようとしない」と言う人がいます。ゴールがわからないために、思考停止になっていることも多くあります。

方向性もわからず、それでも何とか自分なりの答を見つけて上司に言ったら否定された（怒られた）という経験を1度でもすると、考えるふりをして答を言ってくれるのを待つようになります。何を基準に考えるかを、はっきりさせないと社員は考えられません。

ですので、経営者や管理職者が社員に指示を出したり、指導を行うときに、企業理念をはっきりと伝えることで、より早く成長していきます。

ポイントは「企業理念は社員にとってメリットがある」

このように、企業理念と人材育成は非常に強いつながりがあります。人は、「成長しなければダメだな」や「このままではまずいな」と自分が感じたときに成長すると言われています。あるべき姿と現状とのギャップを感じたときに一番成長する意欲が高まります。あるべき姿が、「企業理念」なのです！

4　企業理念と存在価値

社員個人の存在価値も上がる

企業理念を追い求めていくことで会社の存在価値が上がり、会社の存在価値が上がれば社員の存在価値も上がると紹介しました。ここでは、違う観点から、「社員の存在価値」について考えましょう。

前述では、「社員」と大きなくくりで言いましたが、ここでは１人ひとりの存在価値について考えましょう。

社員１人ひとりが企業理念を追い求めて仕事をすれば、今までにない発想や工夫ができて成果を上げることができます。企業理念やお客様のために自分がやるべきことやできることを明確にして、目標を達成するための行動を考え、実際にやってみるので、結果が気になるようになります。結果に対してこだわりを持つようになります。

そうすると、仕事の面白さがわかってきて、もっとよい結果を得たいと考えるようになります。こうして1人ひとりが成長していきます。

なぜこのよいサイクルが回るのか？

それは、企業理念という明確な会社のあるべき姿があるからこそ、追い求めることができるのです。

人間が成長するときというのは、周りから「成長しろ」と言われるから成長するのではありません。自分の心が動いたときにしか成長しないと言われています。

人間の心が動くきっかけはいろいろとありますが、目標と現状とのギャップを感じ、「このままではマズい」と考えたときや、自分の明るい将来をイメージして「こうなりたい」と強く思ったときは、心が動きやすくなります。成長のチャンスです。

企業理念に取り組むことによって、どのようなメリットがあるのかを伝え続けてください。「成長する」「存在価値が上がる」ということを理由とともに説明してください。理由を説明しようと思うと、あなたが企業理念について深く理解していないとできません。社員に質問されて答えられないようだと誰もついてきません。

社員が成長することで存在価値も上がる

企業理念に取り組むことは、結果として、社会（お客様）にも貢献し、会社にも貢献しているのです。そして、それによって社員自身も成長していく。それを社員が感じたときに、自らの存在価値を感じるようになるでしょう。

最近の若い人は、他人から承認をされたいとか、自信が持てないという人が多いようです。それは、自分で存在価値を感じていないからです。しかし、いくら他人からの承認を受けたとしても、自分で存在価値を感じなければ自信にはつながりません。自分の存在価値を感じれば、他人からの承認も必要ではなくなります。

企業理念を通して、社員1人ひとりが存在価値を感じていく、そしてさらに大きく成長していくというサイクルをつくることができます。

ポイントは「企業理念に取り組むことで社員の存在価値も上がる」

いつもお客様や周りの人のことを考えて、全力で自分ができることに取り組み、成果を上げている人がいたら、どうでしょうか？　その人は、どこに行っても活躍できると思いませんか。

イメージしてください。どの会社で働いても、活躍できる社員ばかりの会社では、間違いなく素晴らしい商品やサービスを提供しているでしょう。そうすれば社員の存在価値も大きく上がり、社員も生き生きと働いているはずです。

私の目を覚ましてくれた「企業理念があったので、私はどこに行っても仕事ができます」という言葉を、社員全員が言えば、その会社は必ず成果が上がるでしょう。

そのような会社をつくりたくないですか？

5　企業理念浸透における経営者の役割

お飾りだけの企業理念に価値はない！

企業理念がいかに会社や社員にとって大切かを説明してきました。まさに会社の将来を握っているのは、「企業理念である」と言っても過言ではありません。

しかし、企業理念をつくっても浸透せずに、お飾りになっている会社が非常に多くあります。せっかく素晴らしい企業理念があるのに、社員が答えられないということはよくあります。

このような状態だと、今まで紹介してきたような内容は、何も起こりません。もったいないですよね。

でも、このような会社の経営者は、「企業理念が浸透している」と思っている人も多いのです。「言葉を覚えている＝浸透している」は大きな間違いです。

企業理念浸透に大切なこと＝経営者の本気

私が初めて企業理念を知ったのは、製薬会社で企業理念浸透室に配属になったときでした。外資系の製薬会社で、大型合併があったことで多国籍企業になり、社員の考えの方向性をブレないようにするために企業理念をつくりました。

日本では、「企業理念て何？」という時代でしたが、その会社が素晴らしかったのは、「企業理念浸透室を設置」したことでした。会社として片手間に行うのではなく、本気で取り組んだというメッセージを社員に伝えました。そして、浸透室をつくると、企業理念浸透の研修を半年間かけて全社員に実施しました。何をおいても最優先でした。半年後に研修が終わったときには、社員全員が企業理念を理解し（理解度の深い浅いはありますが）、実践するという段階になっていました。

これは、企業理念浸透には非常に大切なことです。会社が、経営者が本気になってやっていこうという姿勢を社員に見せたことです。研修を行ったことではなく、企業理念浸透を最優先にしたことです。一番大切なのは、この気持ちなのです。「会社の、経営者の本気さ」なのです。

社員は経営者の何を見ているか？　何を感じているか？

社員は、会社で新しい取組みが始まると、必ず会社の本気さを見ています。会社が本気なら取り組もうかなと思いますし、会社が本気でないと判断したらやりません。

社員は、何で「本気」を判断するのでしょうか？　それは、「経営者や管理職者の態度や行動」です。

経営者が、「企業理念は大切だ」と言いながら、企業理念に反する行動をしていたら誰も信じないでしょう。

経営者が感じている以上に社員はよく見ています。少しでも言動が一致していないと、「やっぱり口だけ」と思います。できなくてもよいので一生懸命やることです。何度失敗してもやり抜くことです。

ポイントは「企業理念浸透は経営者の想いの強さである」

企業理念を浸透させるには、経営者であるあなたが本気になって行動していくことです。その覚悟をすることです。

最初は、誰も振り向かず行動しなかったとしても、経営者のあなたが企業理念を追い求めることです。常に企業理念の大切さを伝え、自ら行動すること。企業理念を浸透させるには、これをおいて他に方法はありません。まずは腹をくくってください。

6　目指すべき人材像は「たった1つ」

まずは「目指すべき人材像」をはっきりさせる

研修や人材育成について話し合うとき、私は、必ず「どのような人材を育てたいですか？」と質問します。

その質問に対して即答できる経営者や人事担当者は、私の経験から言って、10人中２～３人です。ほとんどは、「どのような人材を育てたいか」がまとまっていません。時間を取って考えた上で、「自分で考えて行動できる社員」という一般的な答が返ってきます。

それでは、残念ながら、研修を行っても社員は成長しませんし、成果も出ません。人材育成も社員のあるべき状態を明確にして、現状とのギャップを埋めるための研修や仕組みづくりをしていく必要があります。

まずは、「社員のあるべき状態＝目指すべき人材像」をはっきりさせましょう。

目指すべき人材像はこれ！

私に言わせると、目指すべき人材像は1つです。それは、「企業理念を達成できる人材」です。企業理念達成に向けて仕事ができる社員ばかりなら、第1章で述べた労働環境もつくることができます。

自分のことばかり考える社員が多いと、残念ながら労働環境もつくれないですし、売上や利益も継続的には増えないでしょう。

企業理念を達成できる人材を違う言葉で表現すると、「会社の存在価値を上げてくれる人材」です。経営者の立場から考えても、当然このような人材は欲しいですよね。大切にしたいですよね。

もう少し具体的でもよい

これだと抽象的でわかりにくい場合は、どのような人材であれば企業理念を達成できるのかを考えて具体化していくことも必要です。

例えば「企業理念を達成するために何が必要かを考えて、全力で行動して、結果に責任が持てる人材」というふうに決めればよいでしょう。

社員の現状から見て、弱い部分を挙げてもよいでしょう。例えば、上司の言いなりで動く社員が多ければ、「自分が何をすべきなのかを徹底的に自分で考える人材」「自ら考えて行動することで自分の存在価値をもっと上げられる人材」などです。一文にしても、項目を分けても結構です。

企業理念を達成するためにどのような人材が必要かを考え抜くことが必要です。それが「本気」です。よくある一文をそのまま借用しても、言葉も想いも社員には伝わりません。徹底的に考えて自分の言葉で語ってください。

考えるときは、「企業理念を達成できる人材」をブラさないように考えましょう。

ポイントは「目指すべき人材像を示す」

気分転換の趣味ならいいですが、仕事ではゴールが必要です。強制するためではありません。どうすればよいか自分で考えさせるためです。１００ｍ走と42㎞マラソンでは走り方が違います。単に「ストップと言うまで走っていて」と言われても、どう走ってよいかわかりません。そのうちに手を抜く方法を考えます。

ですので、どのような人材になるべきか「目指すべき人材像」をつくり、社員に伝えてください。

もちろん、なぜその人材像かという理由も一緒に説明してください。

7　人材育成を行うメリット

社員が成長することで経営者も成長する

ここで社員が成長すれば、経営者にはどのようなメリットがあるかを考えましょう。

もし、社員が今のあなたの仕事ができるようになれば、会社やお客様、あなたはどうなるでしょうか？

あなたは、間違いなく今までより一段上の仕事ができるようになるでしょう。目の前の問題解決だけではなく、「将来どのような会社にしたいのか」や「そのような会社にするために何をすべきなのか」を考えられるようになります。

経営者の重要な業務の1つに「社員に夢を見させる」ことが挙げられます。この会社で働くのは、そしてあなたと一緒に働くのは、何かしらの夢があるからです。

あなたが経営者の仕事に没頭することによって、社員により大きく、より具体的な夢を見せることができます。それだけであなたの社内での存在価値は大きくなります。目の前の問題解決ばかりやっていれば楽しくないですし、そこには夢もないですよね。

そうすると、経営者も社員もだんだんと疲弊してきて、仕事が辛くなり、生産性も落ちるという悪循環に陥ってしまいます。

お客様や取引先にも大きなメリットがある

経営者が今までよりも一段も二段も上のレベルから物事を考えるようになり、社員のモチベーションが高く成長すれば、間違いなくお客様に喜んでいただくような商品やサービスはつくれるはずです。少なくとも、その土台はつくれるはずです。

多くのお客様に喜んでいただければ、会社の売上は増えます。増え続けます。そうすると、取引先への発注が増えて、その会社の売上や利益も増えます。自分の会社の売上や利益を増やしてくれるあなたの会社は、相手から見ればビジネスパートナーです。信頼が必ず高くなります。そのような関係になると、万一あなたの会社が困った状態になっても助けてくれるはずです。価格を値切り倒している相手先とは絶対に持たないような信頼関係ができます。

このように人材育成は、多くの人に影響を与え、多くの人にメリットを提供します。

長い目で見て人材育成は必要

あなたが一代で会社を辞めるつもりなら、人材育成を行う必要はありません。時間とお金がムダになる可能性が高いです。でも、こういう方は、すぐに経営者を辞めて欲しいです。社員や取引先、お客様に大きな迷惑をかけてしまいますからね。

経営者がいなくても、全社員が考えて売上や利益を上げ続ける会社が理想です。私は、そういう状態になったときが、経営者の存在価値が一番高いと考えています。そのような状態をつくるためには、人材育成は不可欠ですね。

ポイントは「どういう経営者になりたいかを考える」

人材育成のメリットを理解した上で、あなたには考えて欲しいことがあります。「どういう経営者になりたいか？」です。

会社の将来を、社員を、お客様を、取引先をどうしたいかを考えましょう。そこをご自身の中ではっきりさせてから、人材育成を行うべきかどうかを決めましょう。あなた自身への動機づけですね。

8　行動指針の重要性

「成長」の意味とは

よく成長という言葉を使います。成長とはどういう意味でしょうか？　すっと答えられる人が意外と少ないのです。何となくぼんやりわかっているのですが…。

そこで、本書では、「成長」を次の意味で使用します。

成長とは、「できないことができるようになること」です。

仕事を覚えることが成長ではありません。それができるようになって、初めて「成長した」と言えます。

今までは挨拶ができなかったのが、きちんと挨拶できるようになった。これも立派な「成長」です。このような小さなことでも人間は成長するのです。

成長のためには行動指針が必要である

社員に成長してもらうためには、社員が行動しなければなりません。「研修を行えば社員が成長する」と考えている経営者は、ここを誤解しています。

研修では知識を得るので、その段階では成長はしていません。研修後に行動を行って「成長」段階になります。

日頃の指導でも、次にどのような行動を取るべきかを示す必要があります。そのためにつくったほうがよいのが〝行動指針〟です。

行動指針とは、「企業理念を達成するために社員としてどのような心構えを持って行動すべきか」ということを示したものであり、具体的な行動ではありません。

例えば、「常に相手の立場に立って物事を考え、行動します」や「目的・目標を明確にし、達成するために何ができるかを考え抜き、実行します」というレベルです。これを基に、社員が自分の仕事に当てはめて具体的な行動を考えます。

行動指針だけでは足りない…

企業理念を達成するためにどのような心構えで行動すればよいのかという行動指針があり、その行動指針に沿って具体的行動を考えて行動します。

「企業理念は抽象的で行動が考えにくい」と感じる社員もいます。しかし、行動指針をつくって、これに当てはめると自分が何をすべきかの具体的な行動が思いつくはずです。これが重要です。

最初は、企業理念や行動指針を参考に、自分でどのような行動をすべきかを考えることを指導する必要はあります。しかし、社員全員が少しずつそのような意識が高まり、社員同士の話合いで「企業理念から考えて、こうすべきだと思います」というような言葉が出てくると、具体的な行動を考える習慣づけができたということになります。

ポイントは「具体的行動を考える習慣づけを行う」

全員が具体的な行動を考えて行動すれば、間違いなく社員は成長します。会社は成長します。これは日頃の指導のたまものです。部署単位で「行動指針に沿った具体的行動」をその部署の社員が考えると、自発的な行動につながります。行動指針を作成し、具体的に考える習慣づけを行いましょう。

9 「企業は人なり」の意味

「企業の質」とは何か？

これは、松下幸之助さんの言葉だと言われています。「企業は働く人の人格や姿勢によって、よくも悪くもなる」という意味です。「人の人格や姿勢」という意味がポイントですね。人材育成と言うと、業務スキルを上げることだけを考えそうですが、そうではないのです。

私は、この言葉を「企業の質は、社員の仕事の質なり」と少し言い換えています。仕事の質を上げるためには、姿勢や思考も大切なので、人格の部分も含まれます。

日常の行動で仕事ができるかどうかがわかる

電車内などで他人に迷惑になる行為をして何とも思わないような人が、よい仕事ができるわけがありません。なぜなら、仕事とは、相手の問題解決をすることであり、相手のことを考えないとよい仕事はできないからです。

自分のことしか考えていない人は、よい仕事ができるはずがありません。日頃からどのように人に接しているかが、仕事には出ると考えています。ですので、「人の質＝仕事の質」なのです。

ただ、「人の質、人格」というと、「会社がやるべきことなの？」とか、「そこまでやる必要はないでしょう」という意見があるので、「仕事の質」と言っています。
でも、本当に会社やお客様、社員のことを考えている経営者は気づきます。社員の人格面での成長がない限り「仕事の質」は上がらず、お客様に喜んでいただけないということを。

社員の仕事の質を上げるのに会社の規模は関係ない

会社の質は、規模とは関係ありません。従業員数が多くても、売上が高くても、社員の仕事の質が低い会社はあります。自分たちの都合でシステムを変えたり、自分たちが儲ければよいという考えを持っている会社をあなたもいくつか思い出せるはずです。
会社の規模は、小さくてもよいのです。それよりも社員の仕事の質を上げることが大切です。私の知っている会社は、３年間で売上が４倍になりました。社員数は変わりません。突飛な商品を売っているわけではなく、強烈な競合もあります。そのような状況で、３年間にわたって１か月に１回、半日の研修を行ってきました。
研修をやっていても、社員が考える軸を持ち、ブレなくなってきたことを感じていました。社員の質が上がったのです。その結果として、売上も上がりました。

ポイントは「社員の質を上げることがやるべきこと」

会社として「社員の仕事の質を上げる」ために何をすべきかを真剣に考えましょう。会社の存続がかかっています。

企業理念と行動指針がしっかりしていれば、社員が行動の軸を持つことができます。「人の質、人格」も高まるはずです。そして、企業理念や行動指針に沿って自分がどのように行動すべきかを考え、行動するようになります。間違いなく社員の質は上がります。それは断言できます。社員の質を上げるには、それしかないのです。

10　人材育成はモチベーションを持たせることからスタート

「モチベーション」と「やる気」の違い

モチベーションとやる気は一緒だと考えている人が多いですが、実は違います。

モチベーションとは、何のために仕事をするのかとか、自分の存在価値を高めたいなどの「想い」の部分であり、これは短期間で大きく変わることはありません。ですので、モチベーションが上がる下がるということは、急にはありません。正しい言い方としては、「モチベーションがある（ない）」です。

やる気とは、その一瞬一瞬の気持ちの状態です。好きなことをやっているときには、やる気は高まりますし、逆に嫌なことならやる気は下がります。好きなことでも、疲れてやっていたらやる気が下がることもあります。やる気は、上がったり下がったりします。

人材育成で大切なのは、モチベーションです。

第２章で伝えたいこと

第２章で紹介してきたことをまとめると、次のとおりです。

・企業理念は会社の存在価値を高め、社員の存在価値も高める
・企業理念を通して社員が成長することで、社員個人の存在価値も高まる
・社員が「企業理念を達成できる人材」になるために経営者は本気で取り組む
・社員がより成長するために、具体的な行動を考える習慣づけが必要である
・社員数よりも社員の仕事の質を上げることに重点を置く

まさに社員１人ひとりがモチベーションを持てる状態にしましょうということを述べてきました。

早い成長にはモチベーションが大切

人間が早く成長するのは、「モチベーションがあり、やる気が高い」ときです。ベストな状態です。モチベーションとやる気のどちらがより重要かと言えば、モチベーションがあるほうが間違いなく成長が早いです。私も、今までにそのような人を多く見てきました。モチベーションがあれば、やる気は上がったり下がったりしますが、比較的早く下がった状態から脱出できます。やる気が高い状態を長く続けることができます。

例えば、仕事にムラが大きく出る社員は、「モチベーションがなく、やる気に左右される」タイプです。間違いなくモチベーションがない人よりモチベーションがある人のほうが成長しますし、

成長スピードは速いです。

そうは言っても、なかなか「想い」を固めることはできません。そのときこそ「企業理念」の出番です。

ポイントは「社員にモチベーションを持たせよう」

自分の想いが持てず、モチベーションがない状態の社員には、「企業の存在価値を上げることで社員の存在価値が上がる。企業の存在価値を上げるために、社員1人ひとりが企業理念を追い求めて欲しい。そうすることが、あなたの存在価値を上げることになる」と説明しましょう。

その説明を何度も行うことで、モチベーションを持てるようになります。1回だけの説明では、行動は変わりません。100回言ってダメなら、101回言いましょう。

今まで紹介したように、企業理念を浸透することは、会社が成功する秘訣です。企業理念を浸透させて、会社も、お客様も、あなたも、社員も、取引先もハッピーになるという「All-Win の状態」をつくりましょう。

企業理念は、会社や社員の存在価値を高めます。企業理念を目指す行動で、社員は成長します。これはモチベーションにつながります。

すべての源は「企業理念」であり、「社員のモチベーション」なのです。

第3章　仕事ができる社員を育成する（What 何をすべきか？）

※仕事ができる社員とは、「どの部署で働いても、継続的に成果を出し続ける社員」です。

1　主体性がある社員とは

「主体性がある社員」とはどのような社員？

よく「主体性がある社員を育てたい」という言葉を聞きます。

主体性の意味は、「自ら考えて行動する」ということですが、ビジネスではもう少しレベルが高くなります。「自分が何をすべきかを考えて行動することで成果を出す」になります。

行動するだけにとどまらず、責任を持って成果を出すことです。行動するだけなら「自主性」ですし、成果を出すことまで責任を持つことが「主体性」です。

仕事をしていると、自分の思いどおりに進まないことは多くあります。トラブルが起きて予定どおりに仕事が進まないとか、社員が言うことを聞いてくれないなどは、結構頻繁に起こることです。

社会人の経験が少ない社員なら、目の前のことしか見ずに行動するでしょうが、きっとあなたはそうではないと思います。「最終的にどのような形にすれば次のビジネスにつながるか」や、「社員が動いてくれないのなら次回はどう伝えようか」などと、考えられるでしょう。

間違っても、取引先が悪いとか、社員が悪いという格好悪い他責にされていないと思います。このように、次の行動を決めるときに、何をすべきかをよく考えて行動し、会社が成果を出すことまで責任を持つことが主体性です。

考えるときの判断基準によって主体性が高いかどうかが決まる

考えるときの判断基準は何で行うのかが、主体性が高いと低いの分れ目になります。

例えば、トラブルが起こったときに、自分の責任逃れやその場だけの解決をしようとするのは、主体性が低いです。主体性が高いのは、「企業理念を達成するため」「お客様も自社も Win-Win になるため」という基準で考えることです。

主体性が低いと、会社やその社員の信頼はなくなります。主体性が高いと、結果はともかくとして、会社の姿勢は相手に伝わることがあります。場合によっては、今まで以上に信頼関係が高くなることもあります。

トラブルが起こったときは、相手はあなたの行動だけではなく、気持ちや姿勢をよく見ています。自分のことだけを考えているのか、トラブルを被った自分たちのことも考えてくれているのか、それはすぐにわかります。

トラブルが起こると、どうしても目の前のことに目が行きがちです。それは仕方がないことです。でも、そこしか見ていないと、大変なことになります。私も、飲食店の店長をやっていたときにトラブルが起こり、責任逃れをしようとした結果、会社を巻き込んだ大きなトラブルになってしまった経験もあります。

ポイントは「成果に対して責任を持って行動する社員を育てよう」

会社の売上を伸ばしていこうとすると、主体性が高い社員を育成する必要があります。目の前のことだけではなく、将来のことも考えて行動を決められる社員が多ければ、しかも「必ず仕事で成果を出す」と考えている社員が多ければ多いほど、きっとその会社は社会から信頼を得ることができるでしょう。

自主性ではなく、主体性が高い社員を育てましょう。

2　目的思考を習慣づける

「目的思考」と「積上げ思考」の違い

人間が物事を考えるときに2つの思考があると言われています。「目的思考」と「積上げ思考」です。

目的思考とは、「目的・目標をはっきり立てて、それを達成するために何をするのかを考える」思考です。目的や目標がはっきりしているので、未来志向で物事を考えます。

積上げ思考は、「今までのやり方の延長線上で何ができるかを考える」思考です。目の前の状態から考えているので、現在志向です。

例えば、会社の売上が1，000万円だったとして、積上げ思考だと「来年は少し営業エリアを増やすことで売上を1，500万円にしよう」となりますし、目的思考だと「5年後に1億円の売上を上げたいので、何をしようか」という考えになります。

目的思考のメリット

目的思考で考えると、今までとは違う新しいアイデアが思い浮かんだりすることも多くあります。ただし、すぐに新しいアイデアが思い浮かぶのではなく、ゆっくり考えて初めて出てきます。考え始めたときは、どうしても今行っていたり考えているアイデアから出てきます。そこでじっくりと考えることで、新しいアイデアが出てきます。

大切なことは、新しいアイデアが出たときに、「このアイデアはダメだな」と思わないことです。最初は、どのようなアイデアでも、思いつくままに書き出しておくのがおすすめです。

また、未来の状態を目標として持つので、ワクワク感も生まれます。目的や目標を達成したときにどのような状態になるのかを映像でイメージすると動機づけになります。あなたや社員やお客様が喜んでいる顔や姿を妄想するのです。そして、その状態を達成したいと思ったときに行動に移るでしょう。

企業理念を浸透させるためには目的思考である必要がある

「企業理念を浸透させるためには何をすればよいのか？」と常に考えられるようになると、高い主体性を発揮できます。例えば、半年後に一生に1度は絶対に行ってみたい場所へ、大好きな家族と行くことができるとして、それを考えただけでワクワクするでしょう。すぐに本を読んだりして、旅行の準備を始める人もいるでしょう。そして、あんなこともこんなこともしてみたいと、妄想が始まります。
人間は、将来起こるであろう楽しいことを考えたときにワクワクします。そして、それを早く実現したいと思うようになります。
企業理念を理解することで、自分や会社の将来像が思い描けて、それが自分に大きなメリットがあれば、主体性を発揮します。

ポイントは「仕事で目的を考えるようにしよう」

目的思考になるために、「この業務の目的は何なのか?」を考えることから始めるとよいでしょう。この業務は、最終的に「誰に」「何を」もたらし、どのような状態にするのかを考えることです。仕事を始める前に、自分の存在価値を明確にするのです。さらに、その状態がイメージできるようになると、やる気は上がるはずです。それを毎日繰り返すことで、自然と目的思考になるはずです。

3　積上げ思考との使分け

「積上げ思考」が効果的なとき

目的思考について紹介しましたが、積上げ思考を否定しているわけではありません。目的思考と積上げ思考を理解して、使い分けることが大切です。

目的思考は、とてつもなく大きな目標を達成したいときや新しい事業に取り組むとき、今までにないアイデアが欲しいときなど、今までで経験がないことに挑むときに適しています。

積上げ思考は、日頃の業務改善に向いています。今までの経験が活かせますし、早く改善することができます。１日の目標が明確になっており、その行動計画を考えるときにも効果的です。

目的思考が大きなことや将来のことを考えるのに効果的であれば、積上げ思考は目の前のことを考えるのに効果的です。

目的思考と積上げ思考のバランスが大切

私は、研修プログラムを作成するときに、最初にすることは「研修の目的」をつくることです。そして、その目的を達成するためにどのような内容を入れるかを考えます。

何日間も考えて内容が出揃った時点でプログラムを作成するのですが、研修時間は限られているので、カリキュラムの増減や進め方の改善を行います。

最初は目的思考で考えて、途中から積上げ思考に変更します。目的思考だけでは「夢」のようになりますし、積上げ思考だけでは「現実」だけになってしまいます。

夢を現実にするために、目的思考と積上げ思考を上手く使います。高い目標や理想とする状態に対して積上げ思考だけで考えると、達成までにとても時間がかかります。大切なのは両者のバランスです。

多くの社員は積上げ思考に慣れている

今まで生きてきた中で、多くの人は「目の前の問題をどう解決すべきか」を考えてきました。例えば、算数はわかりやすく、問題があって解答を見つけることでテストの点数をもらえます。「問題を解いて答を見つける」―これは積上げ思考です。小さい時から、積上げ思考を知らず知らずに身につけてきたのです。

一方で、目的思考も使っています。例えば、人と会う時間が決まっていれば、その時間に合わせて動きます。出社時間が昨日ときょうで違えば、特別な事情がない場合は家を出る時間も違うでしょう。

両方の思考を使っていますが、小さい時からの習慣で、「積上げ思考」のほうが馴染みがあり、習慣づいています。

ポイントは「2つの思考を使い分けるには目的思考を身につける」

思考は、1つの思考が絶対に正しいということはありません。そのときの状況を考えて、その場に応じて使い分けることが必要です。

上手く使い分けることで、仕事の成果が上がります。1つだけの思考でも成果は上がるかもしれませんが、限界があります。積上げ思考は習慣づけができていますので、目的思考を身につけることで両方の思考を身につけ、主体的な社員になります。先ほど紹介した「仕事の最終目的」を社員が意識するような問いかけを、日頃から行いましょう。

4　仕事での判断基準は「企業理念」

物事を考える判断基準をはっきりさせる

主体性が高い社員を育成すると、会社は大きく伸びます。

仕事で何かを判断するときは、社員は何を基準に判断していますか？　人によって、時によって違うのではないでしょうか。ある時はお客様の立場から考え、ある時は会社の立場から考え、となると判断もぶれてしまいます。一貫性がない判断になってしまいます。

このような状態が続けば、取引先やお客様からは必ず信頼を失ってしまいます。ですので、判断基準は決めておく必要があります。

仕事での判断基準は「企業理念」をおいては他にない

企業理念を判断基準にすると、一番よい点は「あらゆる立場から物事を判断できる」ということです。お客様だけではなく、会社だけではなく、自分たちだけではなく、それらをすべて含んで「何をすべきなのか」を考えられるのです。

お客様の立場から見るのと会社の立場から見るのとでは、全く逆の状況はよくあります。例えば、お客様は１円でも安く買いたいですし、会社は１円でも高く売りたいというのが本音です。どちらかに偏ってしまうと、会社が損をしたり、お客様が離れていきます。企業理念から考えると、「All-Win の状態」を考えるはずです。

社員全員が企業理念を判断基準で話すと質が高いコミュニケーションが取れる

社員全員が企業理念を判断基準で考えられるようになると、社内は活発化しますし、コミュニケーションもスムーズに進みます。

ミーティングなどでよくある議論は、一見するとよさそうですが、果して判断基準は同じでしょうか？　ズレていることが結構あります。飲食店に働いているときに、次のような会話がよくありました。

アルバイト　「店長、お客様に喜んでいただくために人をもっと入れてサービスをよくしましょうよ」

店長　　　　「う～ん、でも人件費がな～」。

これは、判断基準が完全にズレているのはおわかりでしょうか？

アルバイトは、お客様のことを考えていますし、店長は人件費のことを考えています。これではいくら話し合っても結論は出ません。結局は何も進まず、そのうちに下の人間は諦めて、何も言わなくなります。

でも、企業理念を基準に話をすると、まずは「サービスをよくするかどうか」を話し合い、するのであれば「人件費をどうするのか」を話し合うことができます。お互いの意見も聴くことができますし、納得もできます。時間も少なくてすみます。

このような例は、会社では無数にあります。人材育成もそうですよね。「人材育成を行うのかどうか？」「研修を行うのかどうか？」に対して、「お金が…」「時間が…」と言ってませんか？　これは飲食店の例と一緒ですね。

全員の判断基準が同じだと、１つひとつの議論が早く終わりますし、質が高い話合いを行うことができます。同じ時間でも、より多くの議論ができるようになります。

ポイントは「考える基準は企業理念で行う」

社員全員が企業理念で判断して高い主体性を発揮すれば、間違いなくよい状態になります。会社も企業理念が浸透し社会への存在価値を上げることもできますし、社員も成長します。社員が自分の基準で判断して話すと、時間が長くなり中身がないディスカッションになります。しかも、このような場合、上位職者や声が大きい社員の意見が採用されることが多く、モチベーションにも大きく影響を与えます。それでは存在価値が高い会社をつくることはできません。会社の存続と発展が難しくなります。

ですので、社員全員が企業理念で判断できる状態をつくる必要があります。この状態をつくるには時間がかかるかもしれませんが、日々「企業理念について話す」や「企業理念から考えてどうなの？」という質問を積み上げていけば、必ずつくることができます。

5　仕事の優先順位をつける

「重要な仕事」と「すぐにやらなければならない仕事」とは違う

毎日多くの仕事があり、あなたはどのように仕事をしていますか？　今行っている仕事で何が重要な仕事か考えていますか？　それとも、目の前の仕事を処理していますか？

目の前にある納期が迫っている仕事、これは「すぐにやらなければならない仕事」です。将来の会社の存続や発展にかかわる仕事、これは「重要な仕事」です。

日頃の仕事では、この2つが混在しています。混在している結果、「すぐにやらなければならない仕事ばかりやる」という状況になります。納期があるので当然ですね。ただ、注意すべきことは、目の前のことばかりやっていたのでは、会社の将来はよくなりません。いつも目の前のことに忙殺されて、ずっと辛い思いをしていくことになります。

重要な仕事とは何か？

将来の会社の存続や発展にかかわる仕事です。具体的に挙げると、「企業理念の浸透」「人材育成」「業界や会社の分析」「お客様の分析」「新製品の開発」「仕組みづくり（誰がやっても同じ結果を得られるシステム）」「新事業の開発」「新しい取引先との関係づくり」「新しい営業先の開拓」などです。

企業理念の浸透や人材育成については今まで述べてきましたが、それ以外のことを怠っていたらどうでしょうか？　目の前の忙しさから抜けることができなくなってしまいます。重要な仕事に手をつけないから、目の前が忙しくなるとも言えます。

私は、以前、パフォーマンスが高い社員と低い社員のヒアリングを行いました。その差は実はあまり大きくないのです。パフォーマンスが高い社員がやっていて、低い社員がやっていないことの1つは、「朝一番できょうやるべきことを考えているか考えていないか」です。

やるべきことを考えるときには、目の前のことだけではなく、「お客様に喜んでもらったり、アルバイトが成長するために自分ができること」も入れていたことです。たった5分～10分がパフォーマンスの差に出るのです。

「重要な仕事」を絶対におろそかにしてはいけません。

ここでも「バランス」が大切！

大切なことは、「すぐにやらなければならない仕事」と「重要な仕事」のバランスです。

バランスの比率の答はありません。時期や状況によって違ってくるでしょう。会社の売上が伸びているときであれば「重要な仕事」の比率を高くしたり、逆に厳しいときは比率を下げることも必要かもしれません。ですので、重要な仕事に使う時間を考えるときには、1週間単位や1か月単位で考えるほうがよいでしょう。今週と来週はやらなければならない仕事を集中的に行い、再来週は重要な仕事に時間を取る、というふうに考えてみましょう。

ポイントは「何が重要かを考える社員を育てよう」

そして、最終的には、社員が「重要な仕事」を理解してできるようにしなければなりません。社員にとって一番重要な仕事は、「企業理念に大きな影響を与える業務」です。仕事ができる社員は、何が重要な仕事かを知っています。中心を外しません。だから、成果を単発ではなく、継続して出し続けることができるのです。そのような社員を育てましょう。

6　成功状態をイメージする

主体的な社員は自分で動機づけを行うことができる

仕事ができる社員は、自分自身を動機づけすることができます。どのように動機づけをするかというと、その仕事の結果をイメージするのです。「この仕事を完結できれば、誰がどのようになるだろうか」「自分の存在価値が高くなれば、自分や家族はどうなっているだろうか」などをイメージすることができます。

最も動機づけが上手な人は、その状態を映像でイメージすることができます。仕事をした結果、取引先やお客様が喜んでいる姿、家族が元気に暮らしている姿などをイメージします。それを心の糧として頑張っています。先ほど目的思考について紹介しましたが、終わりの状態をイメージするのも目的思考です。

ワクワクするイメージが動機づけになる

よくあるイメージは、この商品を売ったら○○円の利益が達成できるとか、今月のノルマを達成できるというイメージです。イメージを持つと言うことではよいのですが、責任を果たしたり、目の前の苦労から逃れた状態よりも、気持ちがワクワクするようなイメージを持ったほうが動機づけになります。ある程度は妄想が入っても構いません。会社が大きくなれば、あなたはどのような状態をイメージしますか？

「目的思考で目的や目標をはっきりさせ、それを達成したときの状態を映像でイメージする」。これが動機づけになるので、これを達成するためには何をすべきなのかを考えることができます。イメージした状態がワクワクするものではなく、動機づけにならなければ、次の行動を考えません。

社員が成功状態をイメージできるようになるために

イメージを行う能力も生まれ持ったものではありません。繰り返し行うことで身につきます。ことあるごとに次の質問を社員に投げかけてください。答は伝える必要はありません。社員が自分で考えることに意味があります。

「この業務の最終のお客様は誰ですか？」

「その人がどのような状態になることがゴールですか？」

「その人たちが喜んでいる状態をイメージして、あなたは嬉しいですか？」

「それは企業理念とどのように関係がありますか？」

よくあるケースが、「最終的なお客様は誰？」と質問したときに、「○○です」と答えるので、「なぜ？」と質問すると答えられないことです。このケースは答を覚えているだけで、全く理解できていません。これでは動機づけにはなりません。

ポイントは「ヒーロー像を夢見させよう」

質問を通して、「自分がどうなるのか？　自分が達成することで周りの人はどうなるのか？」を考えてもらいます。違う言い方をすると、社員がヒーロー・ヒロインになるイメージを思い描ければ、間違いなく動機づけになります。中心は「社員」です。会社がどうなるかではありません。最後に言ってもよいかもしれません。「今回の業務は、あなたがヒーローだ！」。

7　自分で「面白サイクル」を回す

主体的な社員は自分で面白サイクルを回すことができる

「面白サイクル」とは何でしょうか？　仕事が面白くなるサイクルのことです。「自分で考える→

やってみる→結果を確認する→次にどうすべきかを考える」というサイクルです。

指示を受けてする仕事は、あまり結果を気にしません。指示を受けて作業をするだけで、その仕事は「指示した人の成果」になるからです。

決して指示どおりに行った人の成果にはなりません。「課長、私がつくった資料はあれでよかったですか？」という質問をする人はいますが、自分に悪い責任がなかったかどうかの非常に小さな結果確認です。これは、私が以前は非常によくやっていたことです。

面白サイクルを回すための第一歩

例えば、資料をつくるのであれば、その資料をどこで使うのか？　何を伝えたいのか？　などを確認し、それを達成するための内容と体裁を自分で考えてつくる→そうすると「きちんと伝わったのか？」「目的は達成できたのか？」が気になり、次の改善につながっていくというサイクルになります。

自分が一から考えるので、結果に興味を持ち、もっとよい結果を得るためにどうすればよいかを考えます。意外とルーティンワークと呼ばれている仕事も、この観点から考えると違った仕事の仕方が見つかるかもしれません。

経営者や管理職者のサポートは必要です。サポートがなく面白サイクルを回せるのは、すでに仕事ができる社員です。面白サイクルを自ら回せない社員にどのようなサポートをすれば、社員が自ら面白サイクルを回すことができるかを考えてみましょう。

面白サイクルを回せるようになると仕事が楽しくなる

私が自分で面白サイクルを回せるようになってよかったと一番感じたのは、「成果にこだわりを持つ」ようになったことです。目的思考で目的や目標を明確にして、それを達成したときの状態をイメージして、結果はどうだったのかをとても気にするようになりました。それまでは、研修を行うことが目的になっていたので、成果はほとんど意識していませんでした。

しかし、結果にこだわるようになって、もっとよい方法はないかと真剣に考えるようになり大きく成長したと感じます。

自分の成長を考えていたときも楽しかったですが、「きょうは頑張った」と自己満足で終わっていました。それが、結果を意識すると存在価値が明確になり、さらに何段階も仕事が面白くなり、成長しました。

ポイントは「成果にこだわる社員を育てよう」

業務の最終目的が「成果」です。成果にこだわる社員を育てるとは、最終目的を意識して仕事をする社員を育てるという意味です。「この業務の最終目的は何かな？　それがこの仕事の成果だよ」という質問を繰り返し行ってください。

あなたに当てはめると、最終目的は「企業理念の達成」です。社員に質問をし続けることで、あなた自身も企業理念の達成を意識するようになります。

8　存在価値を感じる

仕事ができる社員は自分の存在価値を感じている

仕事ができる社員は、社内だけではなく、お客様や取引先に対して自分がどのような存在価値があるのかを知っています。ですので、仕事に常に全力を尽くします。もし手を抜くと、お客様の期待に応えられずがっかりさせることで、自分の存在価値が落ちることも理解しています。

このような人は、「お客様の喜び＝自分の幸せ」である人が多いです。しかし、この社員が最初から自分の存在価値を感じていたかというと、そうではない場合がほとんどです。

社員が存在価値を感じる２つのパターン

社員は、どのように存在価値を感じたのでしょうか？　私の経験から言えば、２つのパターンがあります。

１つ目は、社員が「どのような人間になりたいのか」がはっきりしており、日々そのような人間になるために行動しているパターンです。自分で行動の結果を確認し、次の行動を考えていきます。

このような社員は、自分が行動することではなく、仕事の目的や目標を達成したかどうかを判断することができます。自分で面白サイクルを回しているのです。

2つ目は、周りの社員から言われて気づくパターンです。自分の存在価値は気づきにくいものです。「あなたがこの仕事をやってくれたので、○○さんはとても喜んでいたよ」や「○○さんがこの仕事をしてくれたのでとても助かったよ」という言葉を言われて、最初は「いやいや、そんなことはないでしょう。お世辞だよ」と思っていても、何度も言われているうちに「自分も役に立っているな」と感じるようになって存在価値を感じていきます。

これは、周囲の社員の協力がなければ前に進まないことが多いです。

多いのは2つ目のパターン

存在価値を感じている社員のほとんどは、「2つ目のパターン」です。周りから「役に立ってるよ」と言われて存在価値を感じていきます。どうしても謙遜してしまうので、自分で存在価値を高く感じるというのは難しいですし、そのため自分の存在価値を小さく感じている人が圧倒的に多いです。

本人が自分の存在価値に気づくまでは、言い続けることが大切です。会社において存在価値がない、役に立っていない社員は1人としていません。なぜなら社員が1人辞めれば、急にその部署のメンバーは仕事がきつくなるのですから、それだけを考えても存在価値はあるのです。

ポイントは「社員が仕事での存在価値を自ら感じるようにしよう」

社員が途中で失敗することもあるでしょう。そのときは、注意したり叱る必要がありますが、それだけではなく、「あなたの能力を信じているよ」「あなたにはこのようなことを期待しているよ」と伝え続けましょう。

社員は、期待されることで存在価値を感じます。そうすると、仕事で工夫をしたり、今までのやり方を見直すことで、生産性や売上が上がります。仕事が面白くなり、間違いなく成長します。こうなれば、会社の発展は大丈夫です。

私の研修を受講した方が、「期待を伝えることが大切」を半信半疑ながら実施したところ、ある社員の行動が少しずつ変わり、今はチームになくてはならない存在になったという経験をされました。

その社員は、「以前は誰からも期待されてなかったし、適当に仕事をして給料をもらえればいいやと思っていました。しかし、期待を言われることで、自分も会社や皆の役に立っていることがわかり、やる気が出ました」と語っていたそうです。期待を伝えることは大切です。

9　仕事を任せる

仕事ができる社員は責任感が強い

「火事場の馬鹿力」と言いますが、なぜ信じられないような力が発揮できるかというと、責任感があるからです。自分がやらなければ仕事が遅れるや、自分がやらなければどうしようもないという考えから、今までにない力を発揮するのです。

これは責任感そのものです。経営者であるあなたは、責任感はとてもとても高いでしょう。仕事をしていくに当たっては、責任感は非常に重要です。

もし、責任感がなければ、「この仕事はできなくても大丈夫だよ。誰かがやってくれる」と考え、納期を過ぎてもやらないでしょう。

責任感の強い弱いによって、仕事の質は大きく変わります。

どうすれば責任感は身につくのか?

いろいろな方法があります。一番よい方法は、「仕事を任せる」ことです。これは、とても勇気がいることです。

仕事が任せられるかどうかは、「経営者や管理職者の勇気」にかかっています。難しいことにチャレンジさせることで責任感を身につけていくことは可能です。

私は、管理職をやっていたときに、部下に仕事を任せてみたら、その部下は私が想像もしていなかった成果を出しました。びっくりしましたが、同時に自分が部下の能力を見下ろしていたことに気づき反省しました。

仕事を任せれば、部下はそれに応えようと努力するのです。「仕事を任せる」ことは、社員が大きく成長する1つの方法です。

仕事を任せるときの注意点

１つ目は、「任せる仕事がどれほど重要かを伝える」ことです。ルーティンワークでもよいのですが、企業理念に沿って考え、その仕事が社内でどのような影響を与えるのかや、それをきちんと行うことで会社がどのようなメリットがあるのかを伝えることです。なお、重要ではない仕事を任せても真剣には取り組まないので、責任感は身につきません。

２つ目は、「サポートを必ず行う」ことです。仕事を任せて、納期になって「できてる？」と言うのはダメで、ほとんどの場合は失敗します。するとどうなるかと言うと、経営者や管理職者は「あいつはダメ」と考えますし、任された本人は「自分は能力がないのかな」と思ったり、「指導しない上司が悪い」と感じます。悪循環に陥ります。

ですので、任せるときは、途中での進捗確認や指導を行うことを前提に任せます。「この社員なら、この部分で悩んでしまいそうだな」と予想し、事前に準備しておくとよいでしょう。最初は２人で進めていくイメージです。

ポイントは「仕事を任せて責任感を育てよう」

「本人のやる気×経営者や管理職者のサポート＝仕事をやり遂げる」という方程式が成り立ちます。さらに、「仕事をやり遂げる＝成果が出る＝存在価値が高まる」という方程式も成り立ちます。

長い目で見たときには、社員に仕事を任せるとよいことばかりです。経営者や管理職者が勇気を振り絞って、任せてみましょう。間違いなく成長します。

10　社員の能力を信じる

社員は単なる労働力ではない

社員を労働力としてしか見ていないということはありませんか？　仕事ができる社員を育成するためには、あなたが社員の能力を信じることです。

あなたが社員を信じていないのなら、社員もあなたを信じていません。信じていない人のために全力で仕事をしようとは思いません。もし、そういう社員がいるなら、将来はあなたの会社にはいないかもしれません。

社員を労働力としてしか見ていない人には特徴があります。もし、今までにあなたが1度でも、「あいつは使い物にならない」という言葉を思ったり言ったとすると、労働力としてしか見ていない証拠です。

役割と能力を間違えると危険

社員をこのようにしか考えていない経営者の会社には、仕事ができる人材は来ません。

人間は、いろいろな能力を持っています。あなたが知らない知識やできないことを、詳しく知っていたり簡単にすることができる社員もいます。

会社を運営していくには、役割は絶対に必要です。経営者と社員では役割が違うだけです。役割が違えば、身につける能力も当然違ってきます。

役割や立場で社員を見る前に、「人間として同等である」ことを認識しましょう。

どのようにすれば社員を信じられるのか？

まずは「人として接して」ください。社員１人ひとりのよい点とこれから伸ばす点を把握して、それを受け入れることです。

完璧な人間はいません。あなただって完璧ではありません。私も完璧ではありません。よい点もあれば、未熟な点もあります。長所もあれば短所もあります。それを含めて認めることです。これが「人として接する」という意味です。

あなたは社員１人ひとりのよい点とこれから伸ばす点を即答できますか？　そして、「その人に合った指導」をしてください。同じことを伝えるにしても、人によって伝え方を変える必要があります。よい点とこれから伸ばす点、その人の価値観を考えた上で、「この人にはどのように伝えれば動機づけられるだろうか」ということを考えてみましょう。

また、あなたの立場からみれば、社員は仕事ができなくて当然なのです。あなたもそういう時期を通ってきたはずです。でも人間はすぐにそれを忘れて、今の自分の立場からしか物事が見えなくなってしまいます。それを踏まえて指導する必要があります。

この2つを繰返しやっていると、社員を信じられるようになります。社員のよい点やどのように伝えれば動機づくかがわかれば、相手に期待が出てくるからです。

ポイントは「社員の能力は無限大」

能力を低くしてしまっているのは上位職者なのです。社員1人ひとりをよく知って、能力を信じて指導すれば、どこまでも社員の能力は広がっていきます。

経営者は、社員の能力を信じてください。それができないのであれば、人材育成はやめましょう。

11　できる社員を「育てる」

できる社員は育てることができる

仕事ができる社員は、生まれつき頭がよいわけでも、要領がよいわけでもありません。いろいろな経験や努力をすることで、仕事ができるようになったのです。

たとえ生まれつき素晴らしい能力を持っていたとしても、それを磨かなければ、仕事の成果には結びつきません。後天的な部分が100％です。

それを考えると、できる社員を育てることができるのです。学生と社会人では、求められる能力は違います。仕事ができる能力を身につけるのは、仕事以外にはありません。机上の勉強では身につきません。仕事ができる社員は、育てる以外には方法はありません。

第３章で伝えたいこと

本章では、仕事ができる社員について述べました。
仕事ができるのは、次のような社員です。

・主体性があり、成果を出すことに責任を持つ
・考えるときに「企業理念」で考え、主体性が高い
・目的思考と積上げ思考の違いを知り、適切なときに適切な思考を使うことができる
・納期ではなく、仕事の重要性によって優先順位をつけることができる
・成功状態を映像でイメージして自分を動機づけることができる
・成果にこだわりを持ち、自分で「考えるー　行動するー　成果にこだわる」という面白サイクルを回せる
・仕事を通して自分で自分の存在価値を感じている

いずれの内容を見ても、どれ1つとして先天的な能力はありません。

できる社員は採用できない

社会人になったときにこのような考え方や行動ができる人は、本当にごくわずかです。そのよう

な人は自分で起業したり、大きな企業で引っ張りだこになってそちらへ行ってしまう可能性は高いのです。

ですので、最初からこのような人材を採用しようとは思わないでください。できません。

でも、自社で育てることができるのです。後天的な能力であればいくらでも育てることができるのです。「あいつは能力がない」と言う上位職者の人がいますが、それは自ら「自分は人材育成ができない」と言っているのと同じです。

ポイントは「できる社員は育てる以外に方法はない」

もちろん、1日で育つわけではありません。何年もかかります。「社員が成長したら、もっと大きな会社に行ってしまうのではないか」という不安もあるかもしれません。社員が会社を移るのは、今の会社に不満があるからです。したがって、第1章や第2章の内容を思い出して、魅力ある会社をつくっていくことも大切です。

社員が会社に感謝をしたり、恩を感じていると、そう簡単には会社を動きません。「この会社で育ててもらった。恩返ししたい」と感じていれば、よく考えるでしょう。人材育成を行うと離職率は低くなると言われるのは、このような心理的な要素も含まれています。

しかし、残念ながら、社員は1人ではそれほど大きく成長できません。せいぜい資格のための勉強をするのが、精一杯でしょう。ですので、会社のサポートが必要なのです。

第4章　会社発展のキーパーソンである管理職者を育成しよう（What 何をすべきか？）

1　管理職者の役割は「たった1つ」

管理職者は会社のキーパーソン

企業理念の浸透や人材育成で一番影響が大きいのは管理職者です。

管理職者は、社員に近い存在です。「上司は部下のことを知るのに3か月かかるが、部下が上司を知るのは3日」と言われています。それほど部下は上司のことを見ています。管理職者が「本当かな？」と思っても、これは事実です。私も、会社員のときに上司が変われば、「この人はどういう人かな？　どこまで許してくれるのかな？　何が判断基準なのかな？」と見定め、手を抜くポイントを決めていました。

それほど管理職者は観られている（観察されている）ので、意識する必要があります。管理職者として認められるためには、管理職者の役割を理解して行動する必要があります。

管理職者の役割はこれ！

管理職者の役割は、「人材育成」でも「業務管理（改善）」でもありません。

パソコンなどで「管理職者の役割」を検索すると、人材育成や業務管理などが挙がってきます。ですので、とても勘違いしやすいのです。人材育成や業務管理は、管理職者の役割を達成するために「しなければならないこと」です。「なぜ人材育成をするのですか？」「なぜ業務管理をするのですか？」と質問されたら、どう答えるでしょうか？

管理職者の役割は、「自部署の業績を伸ばし続けること」です。

管理職者は自部署だけではなく会社全体のことも考える必要がある

「業績」とは、２つの業績があります。「部署そのものの業績」と「管理職者として共通の業績」です。どうしても部署そのものの業績だけに目が行ってしまい、共通の業績は忘れてしまいがちです。共通の業績とは、企業理念や中長期経営計画です。会社やお客様への貢献です。「業績を伸ばし続ける」とは、「会社やお客様へ貢献し続ける」と言い換えてもよいかもしれません。決して自部署の目標や予算だけをクリアしていればよいわけではありません。

そして、伸ばし続けるために、人材育成や業務管理が必要になってくるのです。

本来、人材育成や業務管理は、管理職者の役割を果たすための手段なのですが、目的になっていませんか？　目的と手段の混同はよくあることなので、注意が必要ですね。

ポイントは「管理職者の役割を明確に伝えよう」

まずは、管理職者に役割を伝えて理解してもらってください。役割を知らない管理職者が多いのです。

研修でいつもこの話をするのですが、今までに管理職者の役割を答えられた方はいません。ほとんどが、人材育成や業務管理で止まっています。

管理職者が役割を理解していないので、本来の行動を取ることはありません。最初に管理職者の役割を伝えて、そのためにすべきことも伝えて、初めて管理職者は期待どおりの行動をするようになります。

2　企業理念浸透のキーパーソン

気づきにくい管理職者の影響力の大きさ

企業理念の重要性について第2章で紹介しました。その中で、企業理念を浸透させるには会社の本気度を伝える必要があると述べました。

では、会社の本気度は、どのように伝えるのでしょうか？　経営者が定期的に企業理念の話をするのもいいでしょうし、社員と小グループで話をするのもよいでしょう。でも、企業理念浸透に一番大きな影響を持っているのは、管理職者なのです。

一般職やスタッフは、場合によっては経営者と触れる機会があまりないかもしれません。ですので、経営者の本気さを伝えるのは難しいことがあります。毎日、一般職やスタッフと机を並べて一緒に仕事をしている経営者だと伝わりやすいですよね。

管理職者と社員の距離は近い

経営者から本気さを伝えにくい場合は、一般職やスタッフは「管理職者の本気さ」を観ています。そこでしか判断できないのです。管理職者が日頃からどのようなことを言い、どのように行動しているかを観て判断します。管理職者が熱心に企業理念を伝え、言動が一致していると、社員は「会社の本気さ」を感じます。

たまに、経営者や会社の悪口を言っている管理職者がいますが、論外ですね。精神的には一般職やスタッフと同じです。そのような管理職者がいると企業理念は絶対に浸透しませんし、その部署のメンバーは不幸ですね。

管理職者が育たない理由

企業理念浸透や人材育成、業務管理などを考えたときに、管理職者は非常に重要なポジションです。会社の将来を担っていると言っても過言ではありません。

しかし、残念なことに、管理職者でこのことを理解している人は非常に少ないのです。役割や重要なポジションであることを理解していないので、管理職者も何をしてよいかわからない状態なのです。なぜなら、今の管理職者が一般職やスタッフのときは、決められた業務ややり方をきちんとやることが求められていました。そういう時代でしたし、そうすることが役割だったのです。

ですので、「決められたことをやる」教育しか受けていませんし、社会への存在価値なども考えた経験はないはずです。でも、今は「自部署の業績を伸ばし続けること」が求められています。
したがって、まずは管理職者の育成から始めてください。

ポイントは「管理職者が会社の将来の命運を握る」

一番育成すべきは「管理職者」です。いくら一般職やスタッフを育成しても、管理職者が育っていないと一般職やスタッフをつぶしてしまいます。部下が研修に参加して知識やスキルを得てきたのに、それを活かせない管理職者は典型です。

でも、管理職者が育っていると、一般職やスタッフを育成することができます。研修後に学んだことをどのように活かすのかを話し合うだけで、部下の受取り方は大きく違ってきます。

管理職者の重要性を理解して育成を進めましょう。

3　経営者と管理職者の関係

経営者と管理職者は一枚岩でなければならない

会社を発展させていくために、経営者と管理職者はどんな関係を築く必要があるでしょうか？　自分の保身のためではなく、企業理念の浸透や会社の存在価値を上げるためにという観点から考えましょう。

会社をよくしていくためには、経営者と管理職者は「一枚岩」になる必要があります。経営者が言ったことを、そのまま管理職者がそのとおりに行うという意味ではありません。経営者と管理職者が会社をよくするためにとことん話し合い、納得し、行動しているということです。

管理職者の返答で経営者と管理職者の関係がわかる

例えば、「今年度の予算はどうしてできたのですか？」という質問に、管理職者が「上から落ちてきたので」と言っていたのではダメですよね。目指しているポイントも目標もバラバラです。一枚岩どころではありません。単に指示があるから動いているだけで、管理職者に主体性がありません。

「わが社の企業理念は○○で、それを達成するために中長期経営計画があって、それを達成するために今年度の目標があるんだよ。今年度の目標を達成するために、わが部署ではこのようなことをするよ」と、自分の言葉で即答できて、一枚岩になっていると言えるでしょう。

経営者と管理職者の目的や目標は同じ

つまり、経営者と管理職者は、目指している場所が同じでなければなりません。社内で行うことに対して、「なぜそれを行うのか」という理由を管理職者全員が同じ内容を話せなければなりません。これが「一枚岩」の意味です。数字だけ覚えているのは一枚岩ではありません。

また、決して一言一句が同じという意味ではありません。目的や目標は理解した上で、管理職者が自分の言葉で社員に伝えることができる状態です。

ただ、目指すべき場所は同じであっても、行き方は違っても結構です。行き方は管理職者が考えることです。

それを指示してしまうと、考えない管理職者になってしまいます。経営者の中には、「うちの管理職者は何も考えない」と言う人がいますが、そうなってしまう理由は1つです。あなたが指示ばかり出しているからです。

ポイントは「経営者と管理職者は会社の舵取りをする同志」

管理職者の役割が「自部署の業績を伸ばし続ける」ことなら、経営者の役割は「会社の業績を伸ばし続ける」ことです。そのためには、まずは管理職者を巻き込む必要があります。

管理職者が会社についての意見を言ってきたからと言って排除したり怒るのではなく、「なぜそう考えるのか？」「なぜそのようなことが起きているのか？」「どうすれば解決できるのか？」などを一緒になって考えていってください。同志ですよ！

4　責任感を持たせる

管理職者の責任感が薄いのは経営者の責任

第3章で仕事ができる社員は責任感が強いという話をしました。管理職者になるともっともっと大きな責任感が必要になります。

最近の管理職者は、会社に対する責任感が薄いと感じています。会社の不平不満を言うのは、まさにその表れです。そうなってしまう理由は、経営者と一般職やスタッフの中間ポジション・調整役という存在価値しか与えていないからです。「上と下に挟まれて大変だ」と周りから見えるので、若い人は管理職者になりたがらない人が多いのです。

管理職者に社内での存在価値を伝えるのが第一歩

管理職者に責任感を持たせるためには、経営に参画させることが一番です。でも冷静に考えてくださいね。管理職者がやっている仕事は、何らかの形で経営に関係しているはずです。実は、今でも経営に参画しているのです。

まずは、それを伝えることです。「管理職者の仕事がどのように経営に関係しているのか？　その管理職者の仕事がどのようになれば、もっと大きなよい影響を会社に与えるのか？」を伝え、理解させることとです。存在価値を明確にするのです。自分で考えろと言われても、日本人は自分の影響力に気づいていない人が多いので、考えることができません。伝えることが第一歩です。

管理職者が必ず成長するチャレンジングな方法

もう１つのアイデアは、今の部署と全く違う部署の管理職を兼任させるのです。例えば、経理部の課長ならマーケティング部の副課長を兼任させます。マーケティング部には課長がいて、その人は専門家です。決定権もその人が持っています。専門家である課長の下に副課長として一緒に仕事をします。

大変ですよね。同時に全く違う2つの仕事をしなければなりません。週の中で3・5日や4日は主課長の仕事を行い、残りの時間を副課長の仕事に充てます。今の仕事の時間が減るので、業務改善や部下に仕事を任せるしかありません。成長せざるを得ない環境をつくるのです。

これを行うことで最もよいことは、「視野が広がる」ことです。管理職研修を行って気になるのは、管理職者が自部署のことしか見ていないし、知らないということです。会社という「森」を見ずに、自部署という「木」しか見ていないのです。

当然、自部署の仕事が社内でどれほど重要で、他部署にどのように影響を与えているかは理解していません。

ポイントは「管理職者には大きな責任を持たせよう」

主課長・副課長制度の話をすると、10人中ほぼ10人が「無理です。そんな時間はありません」と言います。本当に無理なんですか？　そう思っているだけではないですか？

目的思考で、これを行うためには何が必要なのかを考えてみると、必ず可能なはずです。無理と思っているのは、あなたが管理職者の能力を信じていないからです。

5　どのような部署をつくりたいかを考える

管理職者には想いや考える軸が必要

会社にとって企業理念が大切であるならば、部署にとって何が大切なのでしょうか？　それは、「自分の部署をどのような部署にしたいかという管理職者の想い」です。

単に、このような業務をする部署ということではなく、どのような価値を生む部署にしたいかです。それを自分の観点だけで考えるのではなく、「どのような部署になれば部下にとっては幸せか？」「お客様にとっては幸せか？」「取引先にとっては幸せか？」「会社にとっては幸せか？」などと広い観点から考えます。もちろん、「管理職者にとっての幸せ」も考える必要があります。

今の管理職者は、目の前のことに振り回されて、自分の想いや理想を明確にしていません。個人ごとに話をすると出てくるのですが、明文化できるほどはっきりしていません。自分の想いが弱いので、周りから言われたとおりの行動をします。考える軸が弱いのです。

「どのような部署をつくりたいか」（チーム理念）のつくり方

どのような部署にしたいかを考えることは、それほど難しいことではありません。今までの経験などを思い浮かべて、どのような部署なら皆が幸せになれるかを考えていいのです。妄想レベルでも結構です。

どのような部署なら、「自分は生き生きと働けるだろうか　部下は成長するだろうか？　取引先やお客様は喜んでくれるだろうか？　社内によい影響を与えることができるだろうか？」を考えます。関係者全員にとって存在価値が高まる部署とはどのような部署か、を考えます。その程度から考えるのであれば、難しくはありません。

そして、つくった内容が企業理念に反していないかを確認できれば出来上がりです。理想の部署を考えるのに、管理職者はよほどのことがない限り、周りの人が幸せになるように考えます。企業理念に反していることはないはずです。

理想的なチーム理念のつくり方

最初は管理職者が作成し、その後は部下と一緒に仕上げていくという形が取れれば最高ですね。その部署の全員が話し合ってつくると、全員が参加するので、「やらされ」ではなくなります。参加しているか、その場にいるだけかは判断する必要がありますが、発言を促すことで参加させていく方法があります。

ただし、最初から全員で考え始めると、自分視点がどうしても多くなり、修正に時間がかかります。ですので、最初は管理職者が作成することをおすすめします。

「夢」と「想い」の違いは、夢は「こうなればいいな～。ラッキーだな」と考えるだけ、妄想するだけです。想いは、最初は一緒かもしれませんが、それを達成していくために何をするのかということを具体的に考えて行動することです。行動してみると、「あれ、何かしっくりこないな」とか、「何か違うな」というものが出てくるので、そのときは修正しても構いません。

ポイントは「管理職者に想いを持たせよう」

目の前の仕事だけをするのは作業員です。それでは業績を伸ばし続けることはできません。そもそも、そのような気持ちにもなりません。その日を乗り切るだけで精一杯です。

「どのような部署をつくりたいか？」「自分はどうなりたいか？」「部下にどうなってほしいか？」などの想いを持つことで、目的思考で考えられるようになります。

想いを持つことの大切さや楽しさを、管理職者に伝えてください。

6　問題解決能力を徹底的に上げる

管理職者が最も伸ばさなければならない能力の1つは「問題解決能力」

問題解決能力とは、問題解決手順を知っていることではありません。現状把握や原因追及能力・アイデア発想能力などを高めていくことです。

問題解決手順を知っていると、問題解決能力が高いと思いがちなので、間違わないようにしましょう。知っていることとできることは違います。

管理職者は、目の前にある問題を解決したり、またはこれから起こるであろう問題を防止したりすることが多くあります。そもそも、「仕事とは問題解決である」と言われるほど、世の中には問題が多いのです。

問題を見つけるときの基準は「企業理念」

世の中や会社の問題に、管理職者が気づくかどうかがポイントです。

問題とは、「あるべき姿と現状とのギャップ」です。問題を見つけようとすると、あるべき姿が明確でなければなりません。あるべき姿がなかったり、あるべき姿の状態が低い場合は、問題を見つけられないことがあります。

例えば、会社の始業時間に何度も遅刻をするというのは問題でしょうか？　あるべき姿が、始業時間には絶対に遅刻をしてはいけないと考える人にとっては問題です。

ところが、遅刻しても自分の仕事さえ終えればいいんじゃないと考えている人にとっては問題になりません。

その人が、どのようなレベルであるべき姿を考えているかで問題は変わってきます。そうすると、管理職者によって問題が変わる可能性があるので、あるべき姿を統一する必要があります。

それは、「企業理念」です。企業理念をあるべき姿として、現状とどのようなギャップがあるのかを考えられるようにしなければなりません。

問題解決は2種類あるが両方を使えるようにする

問題解決には2つあります。1つは、目の前の問題を解決することです。もう1つは、あるべき姿にするために何をするのかという、アイデア発想型の問題解決です。課題達成型問題解決とも呼ばれています。

積上げ思考と目的思考ですね。今の問題と将来の問題です。両方ともが問題解決です。

仕事をしていると、どうしても目の前の問題解決が多くなりますが、「この問題のあるべき姿は何か？」「あるべき姿から考えて、どのような現状なのか？」「そのために何をしているのか？」ということを繰り返し質問して考えさせることで、問題解決能力を高めていきましょう。

ポイントは「仕事とは問題解決であることを理解させよう」

「仕事とは問題解決である」ということを伝え、問題解決を行うことが管理職者の存在価値を上げることであることを理解してもらってください。

さらに、前述の質問を繰り返すことで、企業理念から考える習慣づけを行いましょう。管理職者全員が企業理念とのギャップを感じ、解決のための行動を取れば、会社の業績も大きく伸びると思いませんか？

7　率先垂範は大切だが

率先垂範は会社を前に進める

管理職研修などでは、「管理職は率先垂範は大切だ。絶対にするように」と言われます。企業理念浸透の箇所でも伝えましたが、経営者や管理職者が率先垂範をしなければ、会社では何も前に進みません。もし、経営者も管理職者も率先垂範していないのに会社が発展していれば、その会社は危ないです。そのうち、一般職やスタッフがゴソッと辞めていきますよ。

率先垂範するときの注意点

それほど率先垂範は重要なのですが、1つ気をつけなければならないことがあります。それは、「完璧を求めない」ということです。完璧な人間はいません。行動だって完璧にすることができる人間はいません。

大切なことは、できなくても一生懸命にやり続けることです。

社員は、上位職者の本気さを観ているということを今までに何度か言いましたが、本気さは何で観ているか？　何で判断するか？　それは「①ずっとやり続けている、②うまく進まなくても諦めない、③状況を打開するために何らかの行動を取る」です。

上手くできればそれにこしたことはないですが、社員はそこよりも「管理職者の気持ち」を観ているのです。

研修で、たまに「部下に、まずはあなたができるようになってよと言われます」と言う管理職者がいます。私も以前は言われたことがあるので、言われたときの気持ちはよくわかります。

確かにそれは理想論なのですが、もし部下にそう言われているとしたら、それは率先垂範できていないということではなく、それ以前に管理職者と部下の信頼関係ができていないのです。部下にとっては「あなたに言われたくない」という気持ちです。信頼関係ができていないのは、率先垂範しきれていないからです。今まで以上に、率先垂範しましょう。

率先垂範するために必要なものは「想い」

１つのことをやり続けるのは大変なことです。だからこそ、「想い」が必要なのです。想いがなければ、すぐに心が折れます。しかし、想いがあり、それを達成したいと考えていれば、心が折れるどころか、上手くいかなくても次の一手をすぐに考えます。そういう意味でも、管理職者が想いを持つことは大切です。

率先垂範をして、経営者や管理職者の気持ちが社員に伝わったときに、少しずつ協力してくれる人が増えていきます。全員が一斉に振り向いてくれるわけではありません。本気さを感じた人が１人ずつ協力してくれます。そのような状態になるまで率先垂範してください。

ポイントは「率先垂範は完璧でなくてもよい」

完璧な人間はいません。ですので、上手くやる必要はありません。

大切なことは、理想とする状態になるまでやり続けることです。どのような障害があっても、諦めずに行動し続けることです。行動し続けることで、気持ちを部下に伝えましょう。

8 部下への伝え方を身につける

最近の管理職者に必須の能力は「相手を動機づける伝え方」

管理職者に必須の能力は、指示する能力ではありません。自ら仕事に積極的に取り組もうとか、この仕事を自分で考えてやってみようと社員や部下が思う「伝え方」です。

研修でグループワークを行うのですが、1回目は、リーダーを決めて指示を出し、メンバーは指示どおりにしか動けない状態で物をつくります。2回目は、最初から全員でつくる方法を考えて物をつくります。圧倒的に2回目のほうがよい物がつくれますし、全員が2回目のほうが楽しかったと言います。

指示されるよりも、参加意識が高まり積極的に取り組むことができます。仕事もこれと同じです。指示されたとおりのことをするだけでは面白くありません。部下が、自ら「面白サイクル」を回せるようにしなければなりません。そのための必須の能力が、「相手を動機づける伝え方」なのです。

経営者や管理職者は相手を動機づける伝え方がわからない？

経営者は、誰も動機づけてくれるわけではないので、自分で自分の動機づけを行います。管理職者は、若いときはわかりませんが、今はある程度は自分で自分を動機づけができる人のはずです。自分で自分を動機づけしてきたので、どのように言われたら動機づくのかわからないのです。

わからないので、「指示だけ」になってしまうパターンが多くあります。

相手が動機づくには何を伝えればよいか

社員や部下を主語にして、その人のメリットを伝えることです。人間は、自分にメリットがあることは積極的にやろうという習性があります。この習性を利用して、「この仕事を行うと、○○の能力が身につきますよ」とか、「これができるようになると、周りからの信頼が高くなりますよ」ということを伝えていくのです。単純に「あなたのためだから」と言っても伝わりません。あなたの何がどのようになるのかということを伝えなければ、社員や部下の心は動きません。

メリットを伝えるためには、社員や部下１人ひとりのことをよく知っていなければなりません。その人のよい点はどこで、伸ばすべき点は何なのか？　その人が持っている価値観は何なのか？　性格はどうなのか？　などを知っておく必要があります。

同じことを伝えるにしても、性格や価値観によって話す内容を変えなければなりません。

例えば、負けん気が強い部下だと、仕事ができる人と比較したり、活躍している人を例に挙げることで頑張ろうと思います。自信がない人には、できている点を見つけてほめることで、やってみようかなと思わせなければなりません。ゴールは同じでもやり方は全く違います。

ポイントは「相手が動機づく伝え方は1人ひとり違う」

まずは、あなたが管理職者の1人ひとりを知り、伝え方を変えてください。それを見た管理職者が自分も変えてみようと思うことでしょう。管理職者には、なぜ伝え方を変えているのかの理由を言っても構いません。管理職者がどう感じたのかを知るよい機会です。

9 よいチームワークとは

「よいチームワークの状態は?」に即答できるか

研修を行っていて、これも誤解が多いので紹介します。

よいチームワークの状態を、私は次のように表現しています。

- メンバー全員が同じ目標を持ち、達成に燃えている
- 役割分担し、自分の役割を全うする
- お互いに厳しいことが言い合える
- お互いが信頼している

チームワークがよいということは、決して仲よしクラブではありません。傷のなめ合いでも助け合いでもありません。自部署の業績を伸ばし続けられるチームのことです。

誤解を受けやすい「よいチームワーク」

誤解しやすいのは、一番目の「達成に燃えている」という点です。ほとんどの管理職者は、「目標を言える＝目標を理解している」と思っています。言葉を理解しているだけでは何にもなりません。企業理念の言葉だけは知ってます、ということと同じ状態です。それでは達成はできません。

全員が、絶対にその目標を達成したいと思っていることが必要です。そのためには、その目標を達成することで自分たちにどのようなメリットがあるのかを伝え、全員が理解しておく必要があります。

そして三番目の「お互いに厳しいことが言い合える」ですが、これは、上司も部下も関係なく、厳しいことが言える状態です。どうすれば、部下が上司に厳しいことが言えるのでしょうか？　別にけんかをするわけではないです。この意味は、「目標達成に向けて何をすべきか」を自由に言い合える状態です。「課長、それはおかしいのではないですか？」「もっとこうしたほうがよいと思うのですが、どうですか？」などと言い合える状態です。

よいチームワークをつくるには社員を育成することが必要

このようなチームワークをつくるためには、全員が「企業理念」や「部署のあるべき姿」を理解して、それを達成するために何をするのかを考えられる、主体性が高い人材であることが必要となります。

厳しいことを言い合っても、「自分が否定されているわけではない。目標達成のための手段の話合いだ」ということを理解していることです。同じチームの○○さんは嫌いだとか、自分はメンバーからバカにされているというようなことを考える部下がいるならば、この状態はつくれません。

部署全員の信頼関係や考える視点の高さが必要なのです。

ポイントは「企業理念の浸透や人材育成を行うことでしかよいチームワークはつくれない」

これが理想のチームワークです。スポーツでも、よいチームワークは、プレイヤーが本音でぶつかった後でしかできないと言われています。本音で話し合い、相手を知り、信頼することでつくることができます。

時間はかかりますが、このような部署で働く社員は活き活きしていると思いませんか？　楽しそうに仕事をしていることがイメージできませんか？　ぜひこのようなチームを目指しましょう。

10　管理職者を育成する「勇気」

まずは管理職者を育成する

企業理念浸透や人材育成には管理職者が非常に大切ということで、管理職者の育成方法や取るべき行動について紹介してきました。管理職者は、会社の将来を握っている最重要人物です。人材育成も社員から始めようとする経営者がいますが、それでは会社はよくなりません。まずは、管理職者を育成して、管理職者が社員を育成するという流れをつくっていく必要があります。

したがって、とにもかくにも管理職者の育成に全力を注いでください。

第４章で伝えたいこと

第４章の内容をまとめると、次のようになります。

- 管理職者の役割は「自部署の業績を伸ばし続けること」
- 経営者と管理職者の関係は同志であり、一枚岩になる
- 管理職者には大きな責任を持たせて成長させよう
- どのような部署をつくりたいかを自分で考え、想いを強く持たせる
- あるべき姿と現状とのギャップを埋める問題解決能力を身につけ、何をすべきかを決める
- まずは管理職者が率先垂範すべきだが、完璧を望まない
- 部下が「自ら積極的に行動しよう」と思うような伝え方を身につける
- 目指すべきチームとして、全員が目標達成に燃えているチームをつくろう

管理職者が経営者の分身である会社は強いです。ロボットは分身とは言いません。どんなことがあっても、目的と目標が経営者と管理職者でブレないという意味です。

さらに、それをどのように達成していくかは、管理職者が考えます。このような状態でしたら、どんな危機になっても乗り越えることができます。

管理職者に経営者の「気持ち」を伝える

短期間で管理職者を育成できるわけではありませんが、順番を追ってやっていく必要があります。まずは役割を理解することから始めるのですが、育成の過程で上手くいかない場合も多いと思います。自分の思いどおりに進まないことはよくあることです。大きな責任を持たせたり、率先垂範する途中で、社員や部下から不平が上がってくることも考えられます。でも、管理職者の重要性を理解し、絶対に管理職者を育成するのだという強い信念を持って育成していってください。その気持ちを管理職者が受け取ったときに、大きく成長するでしょう。

ポイントは「管理職者と一枚岩になる覚悟があるか」

管理職者を育成するために経営者にとって一番大切なことは、「勇気を持つ」ことです。管理職者の重要性を理解し、管理職者と腹を割って話合いができる同志になれるかどうかです。

人間は、自分を信頼してくれる人を信頼します。まずは、あなたが管理職者の能力を信じましょう。管理職者1人ひとりを観察して、想いや能力などを把握し、徹底的に話しましょう。対話をしてください。あなた自身と管理職者を信頼して、やっていきましょう。

第5章　思いつきの人材育成では社員は成長しない
（What 何をすべきか？　How どのように行うのか？）

1　本当の人材育成とは

人材育成でのよくある勘違い

仕事の進め方を教えるだけでは、人材育成とは言いません。もちろん、仕事の進め方を教えることは必要です。これを知らないと社員は、仕事で成果を上げられず、存在価値を上げることができません。

人材育成の観点から考えると、これだけでは不十分です。「やり方」だけではなく、「あり方」を伝えてください。「やり方」は、その会社や職場でしか使うことができません。しかし、正しい「あり方」を身につけると、継続的に成果を出すことができます。

「あり方」を身につけると継続的な成果につながる

あり方とは、「仕事をするに当たっての心構え」です。例えば、私は、企業から研修日程の問合せがあれば、すぐに返答するようにしています。それは、もし私がダメな場合は、替りの講師をすぐに探す必要があるからです。

そうすると、この場合の「やり方」と「あり方」は、次のようになります。

○やり方……日程の問合せはすぐに返答する。

【図表３　本当の人材育成】

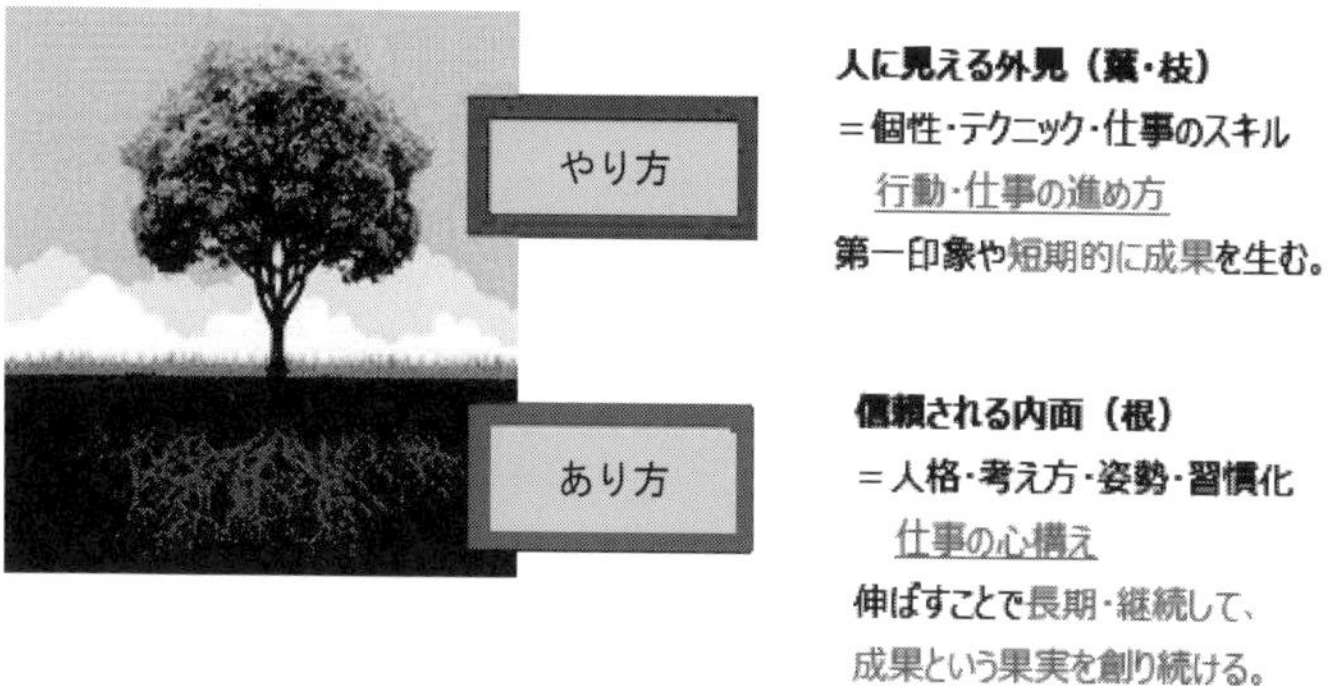

○あり方……相手のことを考える。

他の「あり方」を紹介すると、次のようになります。

・仕事を行うときには、必ず「目的」を明確にしてから行う。
・常に相手のことを考えて行動する。
・壁にぶつかっても、必ず自分はできると信じ、絶対に諦めない。

きっとあなたもあるはずです。あなたの心構えを、機会があるごとに伝えてください。

「あり方」を伝えるのが人材育成

「あり方」を身につけると、「やり方」はいくらでも応用が効きます。

例えば、いろいろな場面で相手のことを考えれば、何をすればよいかがわかります。その行動は、状況に応じて何通りもありますが、そのときにベストだと考える行動を選ぶことができます。

もし、このときに行動を指示したらどうでしょうか？　社員はその指示どおりに動くでしょう。そして、次回も同じ質問をしてくるでしょう。成長しません。

ポイントは「あり方を育てる」

「あり方」は、仕事をするに当たっての土台です。土台は、仕事の進め方のように1度教えたらできるようになるものではありません。何度も何度も繰り返し伝える必要があります。

継続的に成果を出すために、「本当に必要なこと」は身につけるのに時間がかかります。根気強く指導しましょう。

2　どのような人に育てたいか

社員1人ひとりの育成計画を作成する理由

第2章で「目指すべき人材像」について紹介しましたが、人材育成を行うときは社員1人ごとに「どのような人材になって欲しいか」を考える必要があります。

最終的には、全員が「企業理念を達成できる人材」になって欲しいのですが、1人ひとり強い点も違いますし、当然これから伸ばしていく点も違います。つまり、全員に同じ指導をしていても、成長する社員と成長しない社員に別れてしまいます。

全員が着実に成長するように、1人ひとりの育成計画書を作成しましょう。そのためには、社員

【図表４　育成計画書の用紙】

育成計画書

作成日：　／　／

対象者	
１年後になって欲しい姿	
重点的に指導する点	
伸ばしたい能力や資質	
業務名（どの能力？）	

何を	いつ	どのように	そのときの注意点
		。	

予想される障害	
障害の対応方法	

本当に伝えたいこと（あり方）	

【図表５　育成計画書の記載例】

育成計画書

作成日：〇〇／〇〇／〇〇

対象者	〇〇さん（主任）。
１年後になって欲しい姿	部署の問題を発見し、他のメンバーと力を合わせて解決できる。
重点的に指導する点	問題解決についてリーダーシップが取れるようになる。
伸ばしたい能力や資質	目的思考、問題発見、情報収集、コミュニケーション。
業務名（どの能力？）	〇〇プロジェクトへの参加（他部署とのコミュニケーション、〇〇に関する情報収集）。

何を	いつ	どのように	そのときの注意点
プロジェクトの参加を伝える	来週月曜日の面談。	参加してもらう理由を伝える。	本人が参加したいと思うように伝える。
ミーティングへ参加する目的を確認する	ミーティング前日の午後。	参加する理由を確認した後で、目的を語ってもらう。	目的はこちらからは絶対に言わない。
ミーティング参加後に達成したか確認する	ミーティングがあった夕方または翌日。	目的を確認後、達成したかどうかを確認する。	なぜ達成したか、なぜ達成しなかったかも考える。

予想される障害	プロジェクトの参加を拒む（赴任したばかりで部署のことを知りたい、主任になったばかりで無理だ、部署の業務で忙しい、など）。
障害の対応方法	①〇〇さんが参加するメリットを10個考えておく。②〇〇さんの業務分担を見直し、減らす業務を決めておく（ルーティンワーク）。

本当に伝えたいこと（あり方）	・よいコミュニケーションを取るためには、相手が言いたいことを理解することが先である（コミュニケーション）。 ・その情報が有効かそうでないかを選別できるようになる（情報収集）。 ・常に目的を意識して行動し、振り返る習慣をつける（目的思考、ＰＤＣＡ）。

1人ひとりをよく知った上で、「1年後にどうなって欲しいのか？　何ができるようになって欲しいのか？」を考え、それを行うために必要な能力を明確にします。最後に、その能力を高めるために、どのような指導を行うのかを決めます。

すべての業務を「1年後になって欲しい人材像」に結びつける

育成計画書を作成していないと、思いつきで仕事を与えてしまい、育成につながりません。育成も長期的視点が必要なのです。

もちろん、育成計画以外の業務を任せたり、依頼する場合もあります。それは、会社の事情なので仕方ありませんし、社員にとってプラスになるという確信があればどんどん依頼しましょう。

大切なことは、その社員の「1年後になって欲しい人材像」をブラさないことです。

育成計画書を社員と共有する

できれば、育成計画を社員と共有しましょう。お互いが同じ理解だと、その後に仕事を依頼するときも、「1年後の人材像」に関連して話すことで納得度が高くなり、やる気も高まります。

育成計画書がなくても、人材育成はできます。でも、それは、今年度の予算や目標がなくて、日々の仕事をしているような状況です。

「あり方」について成長してもらうためには、最初は絶対に作成すべきです。私も、このような部下に育てたいというものがない状態で、部下を育成しようとした経験があります。結局、この部下は「やり方」を覚えたのですが、「あり方」は何一つ得ることができず、次の職場で成果が出せず苦しみました。その部下には申し訳ないことをしたなと今でも思っています。

ポイントは「育成計画書を作成する」

社員1人ひとりに合った指導を行うことで、成長スピードも上がります。会社としての「目指すべき人材像」だけだと少しぼんやりしたイメージですが、個人ごとに育成計画書を作成することで、指導内容や方法がはっきりします。

育成計画書を作成して、育成の方向をしっかりと定めましょう。

3　社員を知ることが第一歩

育成計画書を作成するためには社員を知る必要がある

社員は、当然ながら1人ひとりの能力や価値観などは違います。いくら1年後の人材像を作成したとしても、現状がわからなければ、どのような指導をすべきかがわかりません。

人材育成も問題解決と同じ考え方です。あるべき姿と現状とのギャップをはっきりさせて、それを埋めていく指導を行います。ギャップがどれくらいあるのかがわかって、適切な指導を行うことができます。

社員の何を知ればよいのか？

「高い能力」「これから伸ばしていく能力」「顕在している『あり方』」「性格」「現在の価値観」「行動のパターン」は、最低限知っておいて欲しい項目です。

・高い能力・これから伸ばしていく能力……あまり能力という言葉に捉われないようにしましょう。例えば、「交渉が上手である」「考える力は強い」「細かい作業や継続的な作業が苦手」というような感じで結構です。何が得意で、何が不得意なのかを見極めます。本人が苦手と思っていても、周りから見れば高い能力もあります。

・顕在している『あり方』……どのような心構えで日頃の仕事に取り組んでいるのかを知ります。心構えなので、本人に確認するのも1つの方法です。それだけではなく、観察や質問を通してあなたなりの見解を得ることも大切です。あり方は、本人も気づいていないことが多く、顕在しているあり方を伝えるだけで、大きく成長することがあります。

・性格・現在の価値観……この2点は、仕事を依頼するときや注意を与えるときに非常に重要です。同じ内容を伝えるにも、相手によって言い方を変える必要があります。例えば、自信を持っている社員には、「あなたならこれは簡単にできるでしょう」とか「○○さんはこれくらいはできるよ」と他者との比較でも構いません。ぐっとやる気が高まります。しかし、自信がない社員には、「あなたは○○が得意だから、きっとできるよ」と励ますような言い方が適しています。私は、自信を持っていない社員に仕事を依頼するときに、「こんなのはできて当たり前だ」というようなことを言ったら、次の日から会社に来なくなったという苦い経験があります。言い方1つで相手は変わります。

・行動のパターン……「よく考えてから行動する」のか、「すぐに行動する」のか、「よく考えて行動しないのか」などのパターンを把握しておくと、行動を促すときの声掛けやタイミングがわかります。経済産業省の社会人基礎力では「前に踏み出す力（行動力）」「考え抜く力」「チームで働く力（チームワーク）」の3つの大項目があるので、そこから考えてみるのもわかりやすいです。

ポイントは「社員1人ひとりを知り、個人ごとに合った指導を行う」

社員と面談や雑談などを通してヒアリングを行ったり、観察を行うことで、社員のよい点やこれから伸ばす点を知りましょう。

そして、重点項目を決めて指導します。

社員を1人ひとり観ていけば、必ず社員のよい点も見えてくるはずです。よい点がわかれば、どのようによい点を生かせば社員はもっと活躍できるだろうかを考えます。

活躍とは、会社やお客様、取引先などに貢献しているという意味です。最初にあなたが、社員が活躍しているイメージをはっきり持ちましょう。

社員は、自分が活躍しているイメージを持っていないのが普通です。目の前の仕事で精一杯です。そして、活躍しているイメージを共有してください。自分が活躍しているイメージを持ってくれているあなたに、社員はびっくりするかもしれません。しかし、間違いなく信頼につながるでしょう。時間はかかりますが、これを行った結果は数年後に出てきます。きっと社員は、あなたの期待に応えてくれるようになるでしょう。

4　強みを伸ばす？　弱みを伸ばす？

世の中は「強みを伸ばす」だけど、正解はない

人間ですので、当然ながら、強みと弱みがあります。どちらに注力して指導すべきでしょうか？最近は、「強みを伸ばす」と言われる方が多いですが、正解はありません。なぜなら、強み弱みと言っても、人それぞれ程度が違います。それぞれの社員が組織から期待されている点（等級などで明確にされていることが多い）から考えて、どの能力を伸ばしていくかを考える必要があります。

「弱みを伸ばす」と仕事の成果が上がる

通信教育の赤ペン先生をやっていた経験から考えると、私は弱みを伸ばしていくべきだと考えます。理由は、次のとおりです。

① 弱みの中でも、仕事をするに当たって絶対に必要な能力については、本人と周囲が最低限困らないレベルまで高める責任があります。例えば、どうしてもパソコンスキルが必要な部署では、「パソコンができません」は言い訳にもなりません。給料をもらっている以上、パソコンを使用できるようになることは義務であり、責任です。この場合は、強みは一切関係ありません。

② 弱みを伸ばすことで、結果として強みも伸びる場合が多いからです。例えば、先ほど紹介した社会人基礎力で言うと、ほとんどは「前に踏み出す力（行動力）」と「考え抜く力」のどちらかが強くて、どちらかが弱いという傾向が出ます（自己採点です）。行動力が高くて考え抜く力が弱い人は、あまり考えずに行動するパターンが多いので、行動が空回りしてしまうこともよくあります。少し考えて、これが成果に結びつく行動だと確信できれば、成果につながりやすくなります。弱みを伸ばすことで、強みを活かすことになります。

③ 強みをさらに高めるための行動は、指導が難しいです。どのような行動を取れば、強みがさらに高くなるのかを必死に考えてもアイデアが出てきにくいです。しかも、「この能力は高い」と自分で思っている社員に対して、そのアイデアを言ってもやる気が高まるかどうかは疑問です。「すでに高いので、さらに高める必要はないのでは」と思って行動しないこともよくあります。

ポイントは「弱みを伸ばす」

人間的な部分では、弱みを見ずに強みを伸ばすこともよいと思います。しかし、仕事では、弱みに目をつぶるわけにはいきません。なぜなら、チームや会社の業績や存在価値にかかわるからです。ひいては、その社員の存在価値にもかかわります。

ただし、伝え方には気をつけましょう。「この能力が足りないから身につけろ」と言ってしまっては、社員にダメ出しをしているのと同じです。社員は伸ばそうとは思わないでしょう。言われたから仕方なくやろうかなとしか受け取らないはずです。そういう気持ちで取り組んでも、弱みは伸びません。「その弱みをそのままにしておくと、その社員はどうなるのか？　弱みを伸ばすと、どうなるのか？」などを丁寧に説明する必要があります。

要は、「強みと弱みのバランスを取ること」です。日々の仕事を行うに当たって困らないレベルまでは最低限上げなければなりません。それを行った後で、強みをさらに高めていくためにはどうすればよいかを考えましょう。強みは、社員の武器になりますし、仕事の成果にもつながります。どうすれば社員が高い成果を上げられるようになるか考えましょう。

5　人材育成の3ステップ

人材育成のステップを知ることで継続的な指導ができる

人材育成を行う場合、理想を言えばステップに沿って行うのがよいです。ただ現実には、ステップに沿って指導を行うことは難しいのですが、指導方法や内容はステップの中で行うことと同じです。ですので、まずは人材育成の基本を理解していただくという意味で、ステップを紹介します。

理想的な人材育成の3ステップは、「業務の依頼→進捗の確認→フィードバック」です。

業務を依頼する目的を明確にする

まずは、どの業務をいつまでにどのレベルに仕上げるかという指示や依頼から始まります。

業務を依頼する場合、2つの目的があります。1つは「業務完遂」であり、もう1つは「人材育成」です。どちらを目的にするかによって依頼する人が変わってきます。業務完遂を目的にするのであれば、ある程度は業務経験がある社員に依頼しなければ納期に間に合いません。人材育成が目的であれば、今までの業務経験はあまり気にする必要はありませんが、育成しながらですので時間が必要になります。納期が迫っている仕事であれば人材育成を目的にすることは難しいです。

進捗の確認は失敗体験を経験しないため

進捗の確認では、依頼した業務が進んでいるのか、納期どおりに終了しそうかどうかを確認します。これを行わないと、業務が「投げっ放し」になってしまい、場合によっては納期近くになって大慌てしてしまうことがあります。

業務は、依頼しても、責任が移るわけではありません。責任は、上司や経営者にあります。仕事を通して人材育成を行うという目的から、確認もしっかりと行いましょう。

フィードバックは人材育成の大きな武器

最後がフィードバックです。依頼した仕事を受け取った後に、「どこがよかったのか」「今後は何を注意すべきか」などについて指導を行います。これをフィードバックと言います。このフィードバックが行えるようになると、人材育成を行う機会はぐっと増えます。

また、今回の流れのように新しい仕事だけではなく、今までルーティンで行っている仕事にもフィードバックを与えることはできます。

ポイントは「人材育成の流れを理解する」

人材育成は、ステップで行うとやりやすいです。「さあ、人材育成を行うぞ」と張り切っても、どこから指導を始めてよいかわからない場合がよくあります。取っ掛かりとして、業務を依頼し、あなたがサポートしながら業務を完遂させて、フィードバックを与えるというステップを経験するのがよいでしょう。慣れてくると、フィードバックだけを与えることもできるようになります。

6　主役は誰？

人材育成は会社のためであっても、主役は「社員」

人材育成を行うときに勘違いしやすいことがあります。人材育成は、会社のために行います。会社が存続と発展をするために行います。ただし、人材育成を行うときの主役は「社員」であり、会社や上司ではありません。その点は間違えないようにしましょう。

もし、社員が、会社のために育成されるのだと思ってしまったらどうなるでしょうか？　ほとんどの社員は、何となく納得はすると思います。しかし、自分から成長しようと思うかは別です。多分、思わないでしょう。

会社のために育成されるのだと考えてやる気を出す社員は、よほど会社にロイヤリティが高い社員です。ロイヤリティとは、忠誠心と訳されることが多いですが、「会社が好きで好きでたまらない」という状態です。ほとんどの社員は、会社はある程度は好きですし、できれば一生働きたいと考えている社員も多いでしょうが、会社のために自分を成長させようとは思っていません。たまにおられるのですが、「あなたが成長してくれないと、組織が困るのです。会社が困るのです」と言っても、社員には響きません。

人材育成を行うときは社員を主役にして伝える

これは、伝え方の問題でもあります。人材育成は、社員のためであり、会社のためです。ですので、「あなたのため」と伝えましょう。実際にそうなのですから。社員の成長と会社の成長は間違いなく相関関係があります。であれば、「人材育成は社員のために行う」で十分なのです。

「成長することによって、あなたはどうなるのか？」「この仕事ができるようになって、あなたにはどのようなメリットがあるのか?」ということを伝える癖をつけましょう。

このように伝えるためには、その社員のことを考える必要があります。常に「社員にとって」というように考えると、自然と社員が主役になります。

主役にすることで動機づけができる

人間は、自分にとってメリットがあることは自分から行おうとします。「自分が成長することで、自分はどうなるのか? 周りにどのような影響を与えるのか? それによって自分の存在価値はどうなるのか?」が心から理解できると、動機づけはできます。

もう少し高い視点で物事を考える社員には、「自分が成長することで、会社や取引先への貢献はどのように高まるか? それにより、会社や取引先はどうなるのか? そうなれば、自分はどう感じるのか?」などを話してもよいでしょう。

ポイントは「主役は社員であることを忘れないように」

人材育成を行うとき、または育成計画書について話すときに、ここから話をするとよいでしょう。強制で育成することはできません。人材育成は会社にとっても、社員にとってもメリットが大きいことを伝えた上で、「人材育成では社員が主役だよ」ということを伝えて、動機づけを行いましょう。

「人材育成の主役は社員」であることを忘れないようにしましょう。

7　業務の任せ方

業務を任せる場合は伝え方が重要

「この業務をやっといて」とか、「この業務を○○までに仕上げて提出して」と伝えたのでは、人材育成にはつながりません。前述の「主役は社員」との考え方からは、次の3つになります。

・「なぜあなたに」の理由
・「目的」「納期」と「期待する出来上がり」
・「この業務を行うことでのその社員のメリット」

理由と部下のメリットは、共通している場合もあります。業務を任せるときに重要なのが、この「理由とメリット」の2点です。

社員が業務を任せられるときにこの2点の説明がないと、「なぜ私に依頼するの？　この忙しいのに」「誰でもいいんでしょ。私が暇そうに見えたのかな」としか考えません。そうすると納期内で適当にやって提出しようとなり、人材育成になりません。

「なぜあなたに」が動機づけになる

「なぜあなたに」を説明することで、納得して業務をやろうという気持ちになってもらいます。

育成計画を共有していると、この部分の説明が楽になります。

「(なぜあなたに)この前、一緒に考えたように1年後に○○ができる人材になって欲しいので、この業務をやってみましょう。(メリット)この業務を行うことで、あなたは○○の能力を身につけたり、○○ができるようになるはずです」と伝えれば、業務を進んでやってくれるはずです。もし、これでダメなら、育成計画からもう1度話し合う必要があるでしょう。

思いどおりのアウトプットが出て来ないのはあなたの責任

そして「目的」「納期」と「期待する出来上がり」を相手が理解できるほど詳しく伝えましょう。伝える視点は、あくまでも「相手」です。自分が言いたいことを言っても、相手には伝わりません。指示を出して思いどおりの結果を得られなかったことがあると思います。「こんなアウトプットでは困る」「こんなの頼んでいないよ」と思ったり、言ったりした経験はあるかもしれませんが、それはあなたが悪いのです。あなたがこの3点をきちんと社員が理解できるように伝えていないのです。

社員に指示を出すときの注意点の1つは、「ボタンのかけ間違いをなくす」ことです。出来上がり状態を完璧に共通にしておく必要があります。ボタンのかけ間違いはあなたの責任です。指示を出した後に、内容を復唱させるのも1つの方法です。

業務を任せるときの伝え方1つで、社員からのアウトプットは大きく変わってきます。

ポイントは「社員のメリットを伝えよう」

人材育成を行うときに、社員が成功体験を積むと大きく前に進みます。

具体的に言うと、仕事で成果を上げたときや自分の急激な成長を感じたときです。

成功体験を積んでもらうためには、指示だけではなく、自分なりに考えて動くようにすることが必要です。

その動機づけとして、まずは「なぜあなたに」の理由と「社員のメリット」を確実に伝えるようにしましょう。

8　途中での進捗確認

進捗確認は経営者や上司がすべきこと

業務を任せた場合、必ずしなければならないのは、「進捗確認」です。

「何も言ってこないのは、順調に仕事が進んでいるからだろう」と気を許してはいけません。順調に進んでいないことのほうが多いのです。

その業務が進まないのは、社員の責任ではありません。本来は、経営者や上司が指導すべきことを怠っているのです。最初は業務を任せても、どの段階で指導に入るべきか迷ってしまいます。進捗確認を行えば、指導に入るタイミングが理解でき、完全に任せてしまっても大丈夫かどうかの判断ができます。

今は「報連相は上司から」行う

研修に行くと「部下から報連相がないのですが」という相談を受けることがあります。私も、会社員のときは、上司に報連相をしない社員でした。

社員は、自分の評価を気にします。失敗した報告や相談をすることで、自分はダメな社員と思われないだろうかとか、評価が下がるのではないかという恐怖心があります。ですので、簡単には相談できないのです。

簡単に相談できる人は、どちらかと言えばイエスマンが多く、自分が決められないので上司に決めてもらうという人が多いです。社員のそういう気持ちを考えて、報連相は経営者や上司から取りに行くようになっています。

進捗確認では具体的な質問をする

進捗確認を行うときは、「大丈夫?」「進んでる?」という大雑把な質問は避けましょう。具体的に質問することが大切です。

例えば、「○○の件はどこまで進んでいますか?」「○○の件はどのように進めていますか?」「進め方を説明してください」というように、具体的に質問を行い、社員に話させることが大切です。

しかも、単に話させるだけではありません。そのときの反応を見るのです。「○○の件はどこまで進んでいますか？」という質問に対して、「ほぼ6割進んでいます。後はこのように進めて納期までに提出します」と即答できる場合は、任せてしまっても大丈夫です。明らかに社員の頭の中でゴールまでの道筋が見えています。むしろ任せたほうがよいですね。

しかし「頑張っています。納期までには頑張って仕上げます」というように、明確に答えられない場合や、詰まりながら話している場合は、指導を行う必要があります。多分その業務は納期内に出て来ないでしょうし、出て来たとしても極めてレベルが低く、あなたが期待しているものには及ばないはずです。

もし、途中確認をしなければ、そのときに大慌てをしなければなりません。他の業務をストップさせて、もう1度その業務に取り組むことになります。

ポイントは「部下に話させて様子を見る」

このように途中確認は必須です。人材育成の面でも、業務完遂という面でも、必ず行ってください。社員に話させて、その様子を観察してください。話を聞いて、あなたの頭の中で「完全に終わるな」と思えばOKです。

でも、少しでも「危ないかな」と思ったときは、指導のタイミングです。社員が成功体験を積むように指導しましょう。

9　フィードバックとは

フィードバックで部下に栄養を与える

フィードバックとは、「業務内での行動などを評価した結果をその行動した人に伝え返すこと」です。その行動がよかったのか、悪かったのかということを伝えることです。

フィードバックの意味ですが、フィードというのは「食べもののフードの動詞形」で、「栄養を与える」だと言われています。社員に対して栄養を与えるということです。

ですので、単なる評価だけでは不十分です。その後の行動につながるような内容も伝える必要があります。

フィードバックで伝えるべき3項目

フィードバックで伝えるべきは、次の3項目です。

・よかった行動、今後修正すべき行動
・よかった行動はどの点がよかったのか
・修正すべき行動はどのように修正するとよいか

よかった行動だけ、修正すべき行動だけを伝える場合は、2項目で結構です。

しかし、修正すべき行動だけを伝えると、評価で止まってしまいます。栄養を与えるのですから、修正すべき行動をどのように修正すべきかも伝えましょう。ここは考えどころです。どのように修正すれば社員にとってプラスになるのかを考えなければなりません。社員のことを考えないと、ここで言うべきことが出てきません。

社員と一緒に考えるという方法もあります。この場合でも、あなたや管理職者が事前に「このようにすればよい」と考える行動を挙げておく必要があります。

フィードバックを通して、「あなたのことを観てますよ」を伝える

そして、フィードバックは、結果とプロセスの両方を行いましょう。ポイントは、プロセスについて行うということです。

プロセスについてフィードバックを行うためには、どのように仕事をしているのかを観察する必要があります。結果は誰でもフィードバックできます。しかし、プロセスは、観察している人でないとフィードバックできません。

つまり、プロセスをフィードバックすることを通して、「あなたのことを観ていますよ」ということを伝えます。これは効果が絶大です。

人間は、自分に無関心でいられるのが、一番辛い状態です。常に誰かに関心を持って欲しい、見ていて欲しいと感じています。しかも、どの程度本気で自分を見ているかも感じます。自分のこと

を真剣に見てくれる人は信頼するようになります。プロセスを見ているということを伝えることで、大きな励みになるのです。

フィードバックでは、ほめることも叱ることも両方必要になります。ほめることだけがフィードバックではありません。よかった行動はほめて伸ばしていく、修正すべき行動は次回にはしっかりと修正していく、この繰返しが大切です。

ポイントは「フィードバックをしっかり行う」

フィードバックを行うことで、行動を変えましょう。行動が変わらなければ結果は変わりません。よい結果が出る行動をフィードバックしましょう。

評価をするだけでは、行動は変わりません。

フィードバックは、「いつでも」「どこでも」「誰にでも」行うことができます。意識して行いましょう。

10　人材育成に重要なフィードバック

フィードバックは人材育成の強力な武器

フィードバックは、人材育成で非常に大きな効果があります。人材育成のステップでなくても、このフィードバックを頻繁に行うことで、社員の行動をよい行動に変えていくことが可能です。

社員を1日中観察するわけにはいきません。フィードバックの回数を増やすには、なるべくその場でフィードバックを行います。

観察はしなくても、ある程度は周りに目を配っておく必要があります。社員同士でどのような会話をしているのかな？　とか、どのような電話対応をしているのかな？　などと、少し注意しておく必要はあります。

「ほめるときは皆の前で、叱るときは個別に」がフィードバックを行うときの鉄則

人間は誰でも、周りからよく見られたいという思いがあります。ですので、ほめるときは社員の前でどんどんほめましょう。

注意しなければならないのは、叱るときです。ついつい他の社員がいる前で行ってしまいがちです。しかし、これをやってしまうと、ほとんどの人は恥ずかしく感じ、面目丸つぶれになり、やる気は落ちてしまいます。

実は、もっと大きな影響を周りの人に与えてしまいます。周りにいる社員は、叱られるのを聞いて、「失敗するとこんな恥ずかしい思いをするのだ。失敗しないようにしよう。チャレンジもしない」と考え、萎縮してしまいます。たまに「うちの社員はチャレンジしないので困っている」と話す経営者がおられますが、その経営者が社内にそのような雰囲気をつくってしまっているケースはよく

あります。

フィードバックはなるべくその場で行うと社員が次の行動に活かせる

フィードバックは、その行動を取ってからなるべく早い時期に行うとよいです。その行動の直後がベストです。

例えば、社員がお客様との電話対応をしていた場合、お客様のことを考えて対応していたなら、「今の電話対応はよかったね。お客様のことを考えて対応していたので、お客様も喜んでいたと思うよ」というようにほめましょう。

すぐにフィードバックを受けると、どの行動がよくて、どの行動が悪いのかがわかります。「昨日の電話対応なんだけど…」と話しても、何を話してどのように対応したかを忘れている場合も結構あります。どの行動のことを言われているのかがわからず、行動が変わりません。

フィードバックの目的は、「社員が成長する」ことですので、成長に一番結びつく時期に行うように心掛けましょう。

ポイントは「1日1回はフィードバックを行おう」

私の部下だった社員が急成長した時期がありました。

後に、その社員にどうして成長したと思うかを聞いたときに、「あのときは、毎日何回もほめられたり、注意されたりしました。うるさいなと思った時期もありましたが、とりあえずは言われたように行動を変えてみようと思い、そうしました。そうしたら知らぬ間に成長していました」と言っていました。

フィードバックは、成長の機会を社員に与えます。日頃から社員をよく観察し、フィードバックをしっかりと行いましょう。少なくとも1日1回は社員にフィードバックを行うように心掛けましょう。

11　人材育成を行うときの「魔法の言葉」

指導を行うときには指導の軸を決める

人材育成を行うときには、指導の軸をしっかりとさせる必要があります。毎回、経営者や管理職者から「お客様にとって〜」とか、「会社にとって〜」などと違う軸で指導を受けると、社員はどの軸で考えればよいのかわからなくなり戸惑ってしまいます。

前回はお客様の視点から考えるように言われたのに、今回はお客様のことは何も触れずに「会社はどうなんだ」と社員が管理職者から言われたら、この社員は次回から何を軸に考えてよいかわからなくなってしまいます。

これが続くと、社員は「毎回軸が違うので、考えても無駄だ。指示に従っておこう」と考え、指示待ち社員を育成してしまいます。

指導を行うときの軸は「企業理念」

企業理念は、会社が存在する目的であり、会社と社員の存在価値を高めてくれるものです。しかも、目指すべき人材像が「企業理念を達成できる社員」ですから、企業理念をおいては他にありません。何度も何度もしつこいくらい「企業理念」という言葉を使用することで、知らず知らずに社員の考える軸も「企業理念」になります。

指導の中で企業理念を共通語に話すということは、経営者や管理職者の考える基準が企業理念になっていることが大前提です。

「魔法の言葉」で企業理念を伝える

実は、魔法の言葉があります。それは、「企業理念から考えて～」という言葉です。「この件については、企業理念から考えると○○だよね」や「このアイデアは企業理念から考えると、もう一工夫が必要だね」という使い方です。

単に「ダメだ」と言うと、社員は「話を聞いてもらえない。真剣に考えたのに」と感じてしまいますが、この言葉を使うことで、社員が自分で何が足りなかったのかを考え理解します。

そして、次からは、企業理念を意識して考えるようになります。

ポイントは「魔法の言葉を使い続ける」

私が企業理念を作成し浸透のための研修を行った企業で、経営者が「管理職者がどうも上手く企業理念を指導に結びつけられない」とおっしゃったので、「魔法の言葉」を提案し、シールを作成し、机の目につく場所に貼ってもらいました。

そうすると、管理職者は、嫌でもその言葉が目に入り、1日に何回となく言うことになりました。1か月もしない時期に、経営者から連絡がきました。「管理職者が毎日何度もあの言葉を言うことで、私と話すときも『企業理念から考えて』と言うようになった。びっくりしたよ」といううれしい内容でした。

この魔法の言葉は、指導している管理職者にも大きな影響を与えます。魔法の言葉を言っているので、自然と企業理念を軸に考えるようになります。そうすると社員への浸透は早くなります。それから間もなくして、社員にも企業理念が浸透したようで、行動が大きく変わりました。

ぜひこの「魔法の言葉」を使用してください。

12　目的思考で考える人材育成

人材育成は計画的に！

人材育成は、思いつきで行っても効果はありません。計画を立てて行うことで、早く社員が成長します。早く成長するということは、それだけ早く会社が発展していく段階になるということです。

人は、一朝一夕で成長はしませんが、成長スピードは大きな差が出ます。経営者や管理職者は、この差を「社員の能力の差だ」と考えがちですが、決してそうではありません。むしろ問題は、経営者や管理職者にあります。しっかりと育成計画を作成し、それに則って進めていくことが最短ルートです。

第5章で伝えたいこと

第5章の内容をまとめると、次のようになります。

- 仕事のやり方だけではなく、「あり方」も身につけてもらうことが本当の人材育成である
- 育成計画書を作成し、できるだけ社員と共有する
- 社員の強みや性格・価値観などを知ることが人材育成の第一歩である
- 人材育成の主役は社員であり、常に「社員」を主語にして話す
- 業務を任せるー　進捗確認を行うー　フィードバックを与えるという3ステップで指導するとわかりやすい
- フィードバックは特に重要であり、頻繁に行うことで成長が早くなる

人材育成にも基本があります。第5章では、人材育成の基本について紹介しました。今までより少し具体的に指導方法についても触れました。

第1章と第2章は、「Why」です。なぜ人材育成を行うのかの理由であり、「あり方」です。

第3章と第4章と第5章が、「What」です。「何をするのか」です。

第5章と第6章は、「How」です。具体的にどのように指導するのかについてです。第5章はWhatとHowの両方が入っています。

人材育成も準備段階が重要である

人材育成も会社の戦略と同じです。まずは目標を明確にします。

目指すべき人材像は、「企業理念を達成できる社員」ですので、そのレベルになるために各社員が半年後や1年後にどのような社員になればよいのかを明確にした上で、人材育成を始めてください。

実に多くの経営者や管理職者が、目標を明確にせずに人材育成を行おうとして失敗しています。そして、それを社員の責任にしています。決してそうではありません。

ポイントは「人材育成は長い目で見ると最重要事項」

育成計画書を作成したり、社員を観察するには時間が必要です。時間がもったいないと思うかもしれませんが、これができていないので、いつまでもあなたが苦労するのです。

準備や目に見えない部分にどれだけの時間を割けるか？　それが「本気度」です。本気になれば、その気持ちが、想いが社員に伝わります。片手間ではなく、最重要事項として捉えて、本気で取り組んでください。

【図表６　人材育成における「あり方」と「やり方」】

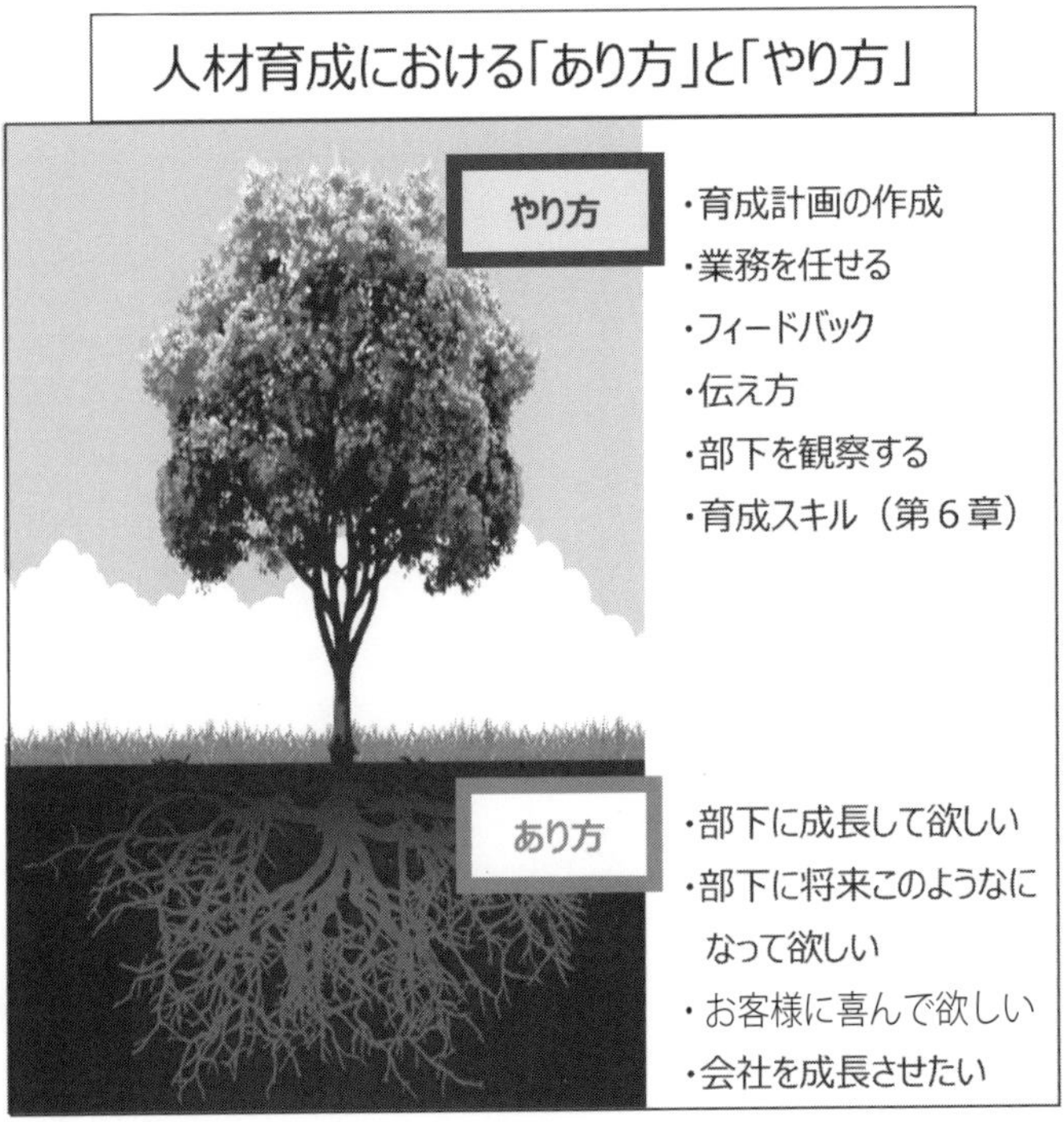

第6章　人材育成スキルは使い時を見極める（How どのように行うのか？）

※この章では、「きく」の漢字として、「聴く」と「聞く」の2つを使用しています。「聴く」は、相手の話に集中し真剣に聴く、「聞く」は、考えながら聞くなど相手の話に集中していない状態で聞く、という意味で使い分けています。

1 スキルの考え方

スキルを学ぶのは大変！

第6章では、人材育成スキルを紹介します。
人材育成スキルは数多くありますが、1つひとつを詳しく説明するととてもページ内には収まりません。コーチングなどは、何冊もの書籍が出ているほどです。ですので、ここでは「スキルの概略」「どういう社員に有効なのか」を中心に説明します。

スキルだけ覚えても効果は出ない

「スキルを覚えれば人材育成ができるようになる」という勘違いがありますので、最初に「スキルとは何か？」について説明します。
スキルとは、「物事を行うための能力や技能のこと」です。この文章を読んで気づかれた方もおられるかもしれませんが、スキルを身につけることが目的ではありません。目的があり、それを達成するための手助けになるのが「スキル」です。

人材育成の目的は、「①会社が存続と発展し存在価値を上げる。②社員が幸せになるために成長してもらう」ことです。

今まで見てきたように、人は1人ひとり違います。価値観も違えば、考え方も違います。10人いれば100通りの考えや感じ方があると思ったほうがよいです。社員1人ひとりを育成していこうとすると、何百通りや何千通りの状況がこれからも出てきます。ですので、多くのスキルを身につけたほうがよいことに間違いはありません。社員の状況を観て、どのスキルが適切かを見つける必要性があります。

目的と手段を間違えるととんでもない方向に進む

人材育成のスキルは、「やり方」です。「あり方」は、「社員に成長して欲しい、お客様に喜んで欲しい」などです。

この点を絶対に間違えないようにしましょう。目的・あり方を忘れてスキルを使用しても、逆効果になることもあります。

後ほど紹介するコーチングは、2000年前後に大ブームになりました。しかし、コーチングは、どのような人に効果があるのかを考えずに、誰にでもコーチングを行った結果、「コーチングは効果が出ない。やっても一緒だ」という評価が下されました。これはコーチングが悪いのではなく、間違った使用方法を行うことで生じた現象です。

ポイントは「スキルは手段である」

日々の仕事をしていると、「目的と手段」「あり方とやり方」をごっちゃにしてしまうときもあります。

人材育成のスキルは手段です。常に目的やあり方を忘れないように、それを達成するために「この社員のこの状況」にはどのスキルが効果的なのかを考えて使用しましょう。

2　コミュニケーションの取り方

コミュニケーションとは「相互理解」

よく「コミュニケーションは大切だ」「社員は全くコミュニケーションを取ろうとしない」などという会話を聞きます。

コミュニケーションとは何でしょうか？　一言で言うと、どういう言葉になるでしょうか？　コミュニケーションの語源を調べてみると、コミュニティー（共同体）になっています。意味は、「社会生活を営む人間が互いに意思や感情、思考を伝達し合うこと」です。ここから考えると、コミュニケーションとは、「相互理解」だと言えるでしょう。経営者や管理職者が、一方的に指示を出したり話すだけではコミュニケーションにはなりません。

相互理解できないのはあなたの責任

指示を出した場合に、社員が内容や期待されている出来上がり状態を理解し、お互いの認識が一致したときに初めて「コミュニケーションが取れた」状態になります。指示を出す場合は、出した後に「今の話の内容や出来上がり状態などを言ってください」と言って、社員に話してもらうと理解度がわかります。

もし、あなたのイメージと部下が言っていることが合っていない場合は、もう1度説明してください。このときの注意点は、「これくらい理解しろよ。能力がないやつだな」と思わないことです。社員が理解していないのは、あなたの責任です。社員が理解できるように話していないか、あなたの説明内容が不十分だからです。

コミュニケーションの第一歩は相手の話を聴く

相互理解をしようとすると2つの要素が必要になります。「①相手が話している内容を理解する。②自分の意見を伝える」です。

実は、順番もこのとおりなのです。相手が話している内容を理解した後に、自分の意見を言います。多くの方は、逆をやってしまいがちです。自分の意見を言うことに集中し、相手の話を聞こうとしません。それでは社員が話そうという気になりません。

傾聴の「あり方」

このときに必要なのが、「傾聴」スキルです。

傾聴は、単に話を聞くだけではありません。聞いているフリでもありません。傾聴は、「相手が何を言いたいのか？　相手が何を求めているのか？」ということを含めて、相手の話に100％集中して、相手を理解しようと思って聴くことです。

相手の話を聞きながら、「そうじゃないんだよな」とか、「いやいや、ここはこうすべきでしょう」などと考えると傾聴になりません。相手の目を見て、神経を集中します。「相手の言葉を一言も聞き逃さないぞ」「相手の表情を見逃さないぞ」「相手の語調を感じ取るぞ」という気持ちで話を聴きます。

相手の話を聞きながら途中で答を探したり、自分の経験に照らし合わせたりするケースはあります。それは、傾聴していることになりません。私も、受講者から質問を受けて、とんちんかんな回答をするときがあります。これが上司部下で起これば、明らかに信頼関係に影響します。

ポイントは「まずは相手を理解すること」

コミュニケーションにおいて大切なことは、「相手を理解する」ことです。これができると、コミュニケーションは取れるようになります。話したい気持ちをぐっと押さえて、まずは社員や部下の話を聴くことに集中してください。

3　話を聴く姿勢・態度

面白い傾聴ワーク

先ほど傾聴について述べましたが、話を聴く姿勢や態度も非常に重要です。研修で、次のようなペアワークを行います。

①　ＡさんがＢさんに話をします
②　Ｂさんは話を全く聞いていないことを全身で表現します
③　ＡさんはＢさんに同じ話をし、Ｂさんは今度は真剣に話を聞きます。途中で質問などもＯＫです

ＡさんとＢさんに交互に行ってもらいます。全員が、話を聴いてもらえたときと聞いてもらえなかったときの気持ちを理解します。

あなたが話を聴いているかどうかはあなたの態度で判断する

感想を聞くと、話を聞いてもらえなかったときは、「話をするのが嫌になった」「途中で止めたかっ

た」という意見が圧倒的です。もっと過激な意見が出る場合もあります。逆に聴いてくれたときは、「もっと話したかった」「話すことがウキウキした」などという感想が圧倒的に多いです。

さらに、「時間はどちらが長く感じましたか?」と質問すると、全員が「聞いてくれなかったとき」と答えます。実際は、聞いてくれない時間のほうが30秒~1分程度短いのです。

このワークからわかるのは、次のことです。

- 話を聴いてくれているかどうかは、聞き手の態度を観て話し手が決める
- 聞き手がいくら話を聞いていても、話し手は態度によって聞いているかどうかを決める
- 話し手は聞き手の態度によって話す内容を決める
- 聴いてくれていると感じると、もっと話したいという気持ちが出てくる

会話の質は聴き手の態度によって決まる

社員の話を聞いているので、どのような態度をとってもいいだろうと考えるのは間違いです。社員が横を向いて話を聞いていると、「ちゃんとこっちを向いて聞け」と叱りませんか? それと同じことをあなたは社員にしていませんか?

さらにつけ加えると、人間は、同時に2つのことはできません。話を聞きながら考えるというのは無理なのです。それは、相手の話を聞いていないのと同じです。たまに書類を見ながら話を聞いている人やパソコン画面を見ながら話を聞こうとする人がいますが、全く聞いていません。読んで

いたら見ていたら、聞けないです。これは要注意です。
私は、以前は平気でパソコン画面を見ながら、話を聞くフリをしていました。今から思うと、その部下に心の底から謝罪ですね。

ポイントは「聴き手の態度によって話し手の気持ちが変わる」

「社員があまり話をしてくれない」と思っている経営者は、聴く姿勢や態度を見直してください。途中で考えたり、口を出したり、指示したりしていませんか？
社員と話すときは、気持ちも態度もすべて社員に向けて話を聴くようにしましょう。そうすれば、社員から話してくれるようになります。

4　最も重要なスキルは「社員を動かす伝え方」

経営者や管理職者にとって一番重要だと最近感じるのが「伝える力」

以前は、指示を出すだけでよかったので、伝える力は必要ありませんでした。最近は、「いかにして社員をやる気にさせるか」が求められます。単に指示を出すだけではありません。今までに比べて高いレベルの伝える力が必要となります。
人材育成でも、社員をやる気にさせることがポイントです。コミュニケーションは、受取り手がすべてを決めます。

よく「あなたがしっかりしてくれないと、チームや私が困るのですよ」と言う方がおられます。社員は、「はい、わかりました」と言いながら、心の中で「私の知ったことではないわ。で、何?」と思っているでしょう。

会社が非常に好きな社員だけが、「それは困る。上司や会社が伸びないのが自分の責任になることは許せない」と思って頑張るでしょう。でも、このように考える社員が多ければ、本書を読む必要はありません。残念ながら、ごく少数なのではないでしょうか。

どう伝えればよいのか?

人材育成の主役は「社員」です。ですので、「社員」を主語に話してください。今まで何度も紹介してきました。

業務を依頼するときも、社員のメリットを伝えましょう。「この業務を行えば、その社員はどのような能力が身につくのか? 何ができるようになるのか?」などを伝えます。

社員から、「なぜ人材育成をするのですか?」と質問を受けたときも、「会社のためだよ」と言うより、「あなたに幸せになってもらうために、成長して欲しいからです」と伝えることで、社員の気持ちは変わる可能性があります。

ある行動を注意される場合も、「ダメじゃないか! 何やってるんだ」と言われるより、「こういう行動を取れば、あなたにとって○○の面でマイナスになるよ」と言ったほうが素直に受け入れてくれます。

同じ内容を話すにしても、社員が受け入れやすいように話すことが大切です。心理学では、「フレーミング効果」と呼び、効果が実証されています。

社員にとってのプラスを徹底的に考える

経営者は、立場上、常に会社のことを考えています。それは役割として当然のことであり、経営者が考えないと会社は潰れてしまいます。ですので、そこは守りつつ、少し「これは社員にとって、どのようなプラスになるのだろうか？」と考えるようにしましょう。必ずあるはずです。

人材育成を行おうと考えているあなたが、社員に全面的にマイナスになるようなことはしないはずです。社員にとってもメリットが見つからないとすると、考えが浅いのです。もっと徹底的に考えましょう。そして、それを伝えてください。

ポイントは「伝え方1つで相手の気持ちが変わる」

同じ内容を伝えるときに、伝え方1つで社員の気持ちは大きく変わります。

やる気をなくして何度も同じ指示を出すか、やる気を高めて1度で終わり社員も成長するか、あなたはどちらを選びますか？　あなたにとってメリットがあるのは、後者であることは明白です。

伝え方を工夫してみましょう。

5　コーチングとは

指導は「プッシュ型」と「プル型」の2通り

社員を指導する場合、大きく分けて2つの方法があります。それは、プッシュ型とプル型です。イメージはつくと思いますが、プッシュ型は、経営者から社員へどんどん教えていくことです。スキルで言うと「ティーチング」です。

一方、プル型は、社員から考えや意見を引き出します。スキルを紹介すると、「コーチング」です。

ティーチングとコーチングを使用する基準

プッシュ型・ティーチングは、その社員が今までに経験したことがない場合や、持っていない知識を身につけるときには非常に効果的です。最初は何事もこのティーチングから始めます。

プル型・コーチングは、その社員が今までに経験したことがあり、自分なりに考えられる業務内容のときは非常に効果的です。「これについてはどうすればよいと思いますか?」「どのようにこの業務を進めますか?」と質問して、自分なりの意見や考えを出してもらうので、経験がないと難しいです。

【図表７　コーチング】

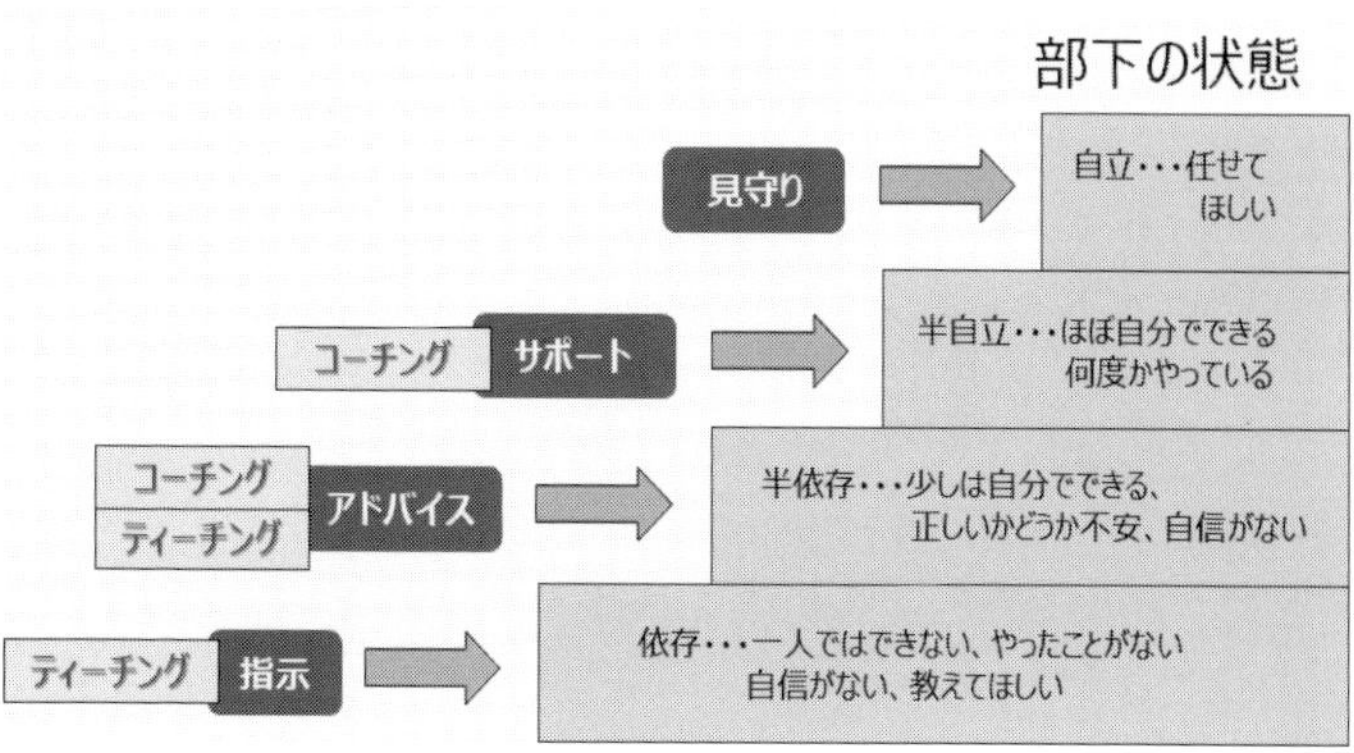

ティーチングとコーチングは使い時を間違えると効果が出ない

この基準を忘れてしまうと、全く効果がありません。

例えば、あなたの会社の管理職者に「社員を育成したいけど、どのようにすればよいかな？」と質問すると、いろいろな意見が出てくるでしょう。これは、管理職者が今までに育成された経験もあれば、育成した経験もあるので考えることができるのです。

ところが、小学生に同じ質問をしても答えられないでしょう。知らず知らずに兄弟などに教えていることはあっても、意識して行っていないので、考えをまとめることができません。

ポイントは「コーチングの使い時を知る」

社員によって、または業務によって、ティーチングを行うのか、コーチングを行うのかを考える必要があります。

中堅社員だからすべての業務を言わなくてもできるだろ

うと考えるのではなく、この業務は経験があるかどうか、という基準で考えましょう。

6 コーチングを行うときのポイント

コーチングを行うときは準備が必要

一番ダメなコーチングは、あなたが何も考えずに「これはどうしたらよいと思いますか？」と質問することです。あなたが何も考えていないので、出てきた意見がよいのか悪いのか判断がつきません。コーチングで質問を行う前に、あなたなりに「ゴールは何か？　どのようにすれば最短でゴールにたどり着くか？」などを考えておいてください。これがコーチングを行う第一歩です。

コーチングも目的思考でゴールを共有することが必要

最初にしなければならないのは、ゴール設定です。社員とともにどのようなゴールにたどり着くべきなのかを話し合い、共有してください。そうでないと、お互いが違うゴールを目指すことになり、当然ゴールに行く道筋や方法が変わってきます。

ゴールを設定しない場合は、どのような事態になるでしょうか？

決定権は上位職者にありますので、最終的には上位職者が決めた道筋や方法で進めることになります。それがわかってしまうと、社員は真剣に取り組もうとはしません。社員は、指示を待つようになります。「考えない社員の出来上がり」です。

コーチングを行うときに必要なもの、それは「忍耐力」

社員に考えさせた意見が自分の考えと違う場合も、そのまま行動させることを前提にしてください。あなたと社員では経験も知識も違うので、あなたの考えから見るととてもレベルが低い意見を出してくるはずです。ここが大きな関門です。

多くの人は、「違う、違う、そうじゃない。これはこのようにやるんだよ」と言ってしまうのです。これは、相手に考えさせたことになりません。コーチングでも何でもないです。これが続くと社員は、「否定されるだけだ。すぐに指示されるよ」と思って考えなくなります。「考えない社員の出来上がり」です。

イライラするでしょうが、ぐっと我慢してください。コーチングでは、「忍耐力」が必要なのです。

コーチングは部下が成功体験を積むように導く

そして、毎回ゴールを確認しながら、何度もそれを繰り返すと最終的にゴールにたどり着きます。あなたが考えた道筋や方法で進めるとすぐにゴールできるはずですが、社員に徹底的に考えさせることが大切です。

社員が自分で徹底的に考えてゴールにたどり着くので、成功体験になります。達成感や充実感・

仕事の楽しさも感じるでしょう。仕事の「やり方」とともに「あり方」も身につけるチャンスでもあります。

でも、あなたが途中で指示を出せば、指示どおりに動いただけで、成功体験になりませんし、社員にとっては成長するチャンスを失ってしまいます。

ポイントは「あなたが導き、部下が考える」

コーチングでは、本当はあなたが社員を成功体験に導いていきます。しかし、社員にはそう感じさせず、自分の力で成し遂げたと思わせるようにします。

いろいろな質問をしながら、社員が進もうとしている道筋を少し修正しながら、導いていってください。

7　効果的な質問の仕方

社員が考えて自分なりに答を出せる質問をする

質問もいろいろな場面で使用しますが、ここでは人材育成で効果的な質問の仕方について考えます。

社員が考える力を身につけたり、コーチングを行うときには、質問は非常に効果的です。注意しなければならないのは、質問をすればよいということではありません。

人材育成に効果的な質問は、「社員が考え、自分なりの答を出すことができる質問」にすることです。

質問をする目的は、「社員に考える癖をつけてもらう」ことです。社員が考えて話せるような質問がよいでしょう。「はい、いいえ」で答えられる質問は、誘導や確認で使用すると効果的ですが、人材育成には向いていません。

また、解答がある質問も避けましょう。知っているかどうかが決め手になり、考える必要がありません。

相手が受け入れやすい「何が理由でそうなったの？」

質問の仕方も工夫が必要です。質問をするときに「なぜ」という言葉をよく使います。「なぜ、できなかったのだ？」「なぜ失敗したのだ？」など、非常に便利です。これも注意が必要なのですが、1～2回なら「なぜ」を使用しても構いません。ところが、「なぜ」を多用すると、社員は尋問を受けて、責められているように感じることがあります。次第に考えることが辛くなり、思考停止になります。私は、「なぜ」の質問が続くと、「いつまで続くのかな？　堂々巡りするだけだから、適当に考えておこう」と思っていました。

「なぜ」の代わりになる質問が、「何が理由でそうなったの？」「何が障害なの？」という質問です。

「何が～」という質問を行うことで、社員が客観的に状況を把握しやすくなります。事実を把握して、「その中から、あなたは何をするの？」などと2段階の質問で、本当に言いたいことにたどり着くのも1つの方法です。質問に慣れたときは、ぜひやってみてください。

3分で考えさせる

質問をしたときには、社員が考える時間も必要です。質問に即答した場合、事前にその質問を予想して答を用意していたか、あまり考えずに答えている可能性があります。むしろ、しばらく考え込んでしまうような質問のほうがよい質問です。社員が予想していなかった質問だからです。

社員が質問について考える時間は、「3分が適切」と言われています。現状を把握したり、対策を考えるときの時間は短いほうがよいです。

「これについて1時間考えてみて」と言っても、自席に戻ったら違う仕事のことを考えていることがほとんどです。前や横に座ってもらって、3分考えて社員なりの答が出ればOKですし、出なければ違う質問をしてみましょう。そして、社員なりの答が出せるように導いてください。

ポイントは「部下に徹底的に考えさせる」

質問して自ら答えるという経営者や管理職者は多いです。それでは、社員は成長しません。あなたから見ればレベルが低い答かもしれませんが、社員が徹底的に考え、自分なりの答を出すことが、人材育成にとってはとても大切です。

これから働く人にとっては、「考える力」は必須の能力です。質問を行うことで、社員の考える力を高めましょう。

8　やる気が続く「ほめ方」

ほめる目的は「社員に成長してもらう」

人間は、ほめられると嬉しいです。それは誰であってもそうなのです。ですので、最近は「ほめろ、ほめろ」の一色です。ほめさえすればよいという風潮もあります。

ただ気をつけないとダメなのは、「ほめる目的」を理解して、「目的を達成するほめ方」をすることです。そうでなければ、いくらほめても効果はありません。

ほめる目的は、「社員に成長してもらう」ことです。社員をおだてたり、機嫌を取るためにほめるわけではありません。ですので、見え見えのお世辞を言っても、すぐにバレてしまいますし、信頼をなくします。気をつけましょう。

何をほめると社員のやる気が高まり持続するか

社員に成長してもらうためには、ほめる内容も注意が必要です。社員がほめられることで、「もっと頑張ろう」とか、「自分には存在価値はあるのだ」ということを感じて、やる気が高まり続くような内容でほめる必要があります。

どのような内容でしょうか？　もちろん、行動をほめるのはＯＫです。

でも、もっと効果的なほめるポイントがあります。

① 社員が常日頃から努力をしている点をほめる

② 行動だけではなく、周りに与えたよい影響をほめる

この2点です。

「行動＋α」がとてもとても大切

まずは、①の「常日頃から努力している点」ですが、社員がどのようなことに努力しているかを知っていなければなりません。社員を観察していないとほめられません。常日頃の努力をほめることを通して「あなたのことをいつも見ていますよ」というメッセージも伝えます。これがやる気を高める効果があります。

・ほめ方の例：今回のプレゼンは、声がはっきりと出ていて非常に聞きやすく、内容もよく理解できたよ。前回の失敗を活かして、今回は何度もリハーサルを行ったのがよかったね。リハーサルを行うことで、内容も理解できただろうし、余裕が感じられた。次回もリハーサルを行って臨んでね。

次に、②の「周りへの影響をほめる」ですが、その社員が行動することによって、周りにどのような影響を与えたかを伝えます。こちらも行動だけではなく、全体を観たり、その後を観察しないとほめられません。

・ほめ方の例：ミーティングで発言してくれたのはよかったよ。ありがとう。あなたの発言が他のメンバーのヒントになったと思うし、あれからいろいろな意見が出始めたからね。ディスカッションのきっかけをつくってくれたよ。これからも、ミーティングではどんどん発言してくださいね。

ほめるときに、できれば避けたいのが、「結果のみ」をほめることです。結果のみをほめると、失敗を怖がるようになります。

失敗したときは、次の行動を指導したり、一緒に考えることで、成長のきっかけになります。ただし、ほめる点があれば、しっかりとほめましょう。

ポイントは「社員を日頃から観察して知ろう」

人間は、日頃から自分を気にかけてくれたり、自分のことを考えてくれる人がいると、とても嬉しくなります。その人を信頼し、その人のために頑張ろうと思います。まして、ほめられると、さらにやる気が向上します。

そのためにも、社員を日頃からよく観て、どのようなことに努力しているかを知っておきましょう。

9　「叱る」と「怒る」の違い

「叱る」と「怒る」は全く違う

管理職者から「パワハラが怖くて、部下を叱れない（怒れない）」という言葉を聞きます。そこで、まずは、「叱る」と「怒る」の違いを理解する必要があります。

「叱る」は、「社員本人にとってマイナスになることを正してあげること」です。ここのポイントは、「社員本人にとって」です。叱るのは相手目線であり、愛情が必要なのです。決して怒鳴ったり、大きな声を出すことが叱ることではありません。指導の1つです。

「怒る」は、「感情のままに言うこと」であり、あなたや組織目線で言うことです。「あなたがこれをしてくれないと、私（チーム）が困るのです」というのは、あなたや組織目線です。「私はあなた（組織）のために働いているのではない。考えを押しつけられた」と感じて、「パワハラだ」と騒がれてしまいます。

「叱る」と「怒る」は視点が大きく違う

2つの違いは、社員を見ているか？　自分や組織を見ているか？「どこを見ているか」です。

・叱り方の例：最近、頼んだ業務の納期遅れが多いよね。これからも納期遅れが多かったら、あなたは周りからどのように思われますか？　きっと「信頼できない」とか、「仕事を頼まないほうがよい」と思われますよね。それはあなたにとって必ずマイナスになりますよね。あなたは、将来は「皆に信頼されて、仕事をどんどん任される人になりたい」と言っていたけど、逆の方向に進んでしまうよね。だから納期には遅れたらダメだよ（この後に原因追及と対策）。

このように視点を社員から絶対にずらしてはいけません。主語を「社員」にして伝えて、行動を正すことが大切です。その社員の将来像や目指すべき人材像を知っている場合は、それと合わせて叱ると相手の心に響く可能性は高くなります。

叱る内容は行動に集中する

叱るときは、行動について伝えてください。性格や体質・容姿（体形や体について）などについて絶対に言ってはいけません。行動に焦点を当ててください。「お前は短気だから、そんな失敗をするのだ」と言われたこともありましたが、これは厳禁です。性格や容姿などは、本人が努力してもなかなか変えることは難しいです。しかも、１人ひとり違いますし、その点を指導するのはおかしいのです。これもハラスメント対象になります。

ポイントは「叱ることは何も怖くない」

叱るときにぜひやって欲しいことは、社員と一緒に「どのような行動を取ればよいか」を考えることです。悪い行動の指摘だけではなく、今後どのような行動を取ればよい結果になるのかということを考えましょう。

叱ることは指導です。「怒る」との違いを理解して、社員のために叱りましょう。

10　ファシリテーションとは

ファシリテーションは人材育成だけではなくいろいろな場面で使用できる

人材育成にファシリテーションが活用されています。

ファシリテーションとは、ミーティングなどで全員の意見を聞くスキルのように思われていますが、実はそれだけではありません。利害関係者が複数いて、何かしらの意見を交わす場には有効とされています。

例えば、商談やクレーム対応、同僚への対応などにも活用できます。その中で、人材育成という観点からは、会議やミーティングで使用するのが適切です。

ファシリテーションを行うときは、テーマは考える必要があります。制約が多くてアイデアや意見が出にくいテーマについては、あまり向いていないかもしれません。しかし、いろいろなアイデアや意見を出して考えたいという自由度が高いテーマに適しています。最初は、ゲーム感覚で行うのもよいでしょう。

会議やミーティングでのファシリテーションの進め方

どのようにファシリテーションを進めるのかを、例を挙げて紹介します。

例えば、「この会社をテレビＣＭするときに、どのタレントを起用するか？」を決めるとしましょう。

①　まずは進行役の「ファシリテーター」を決めます。
②　ファシリテーターが、議論する内容の目的とゴールを確認します。
③　メンバー１人ひとりに意見を聞きます。意見だけではなく、その理由も聞いてみましょう。タレント名となぜその人を選んだのかを説明します。
④　最後にファシリテーターも自分の意見と理由を説明します。
⑤　ここからがファシリテーターの腕の見せどころです。候補が５人挙がったとして、５人の中で選ばないようにしましょう。メンバー全員が話した「理由」に着目し、すべての理由を満たす他のタレントがいないかどうかを探します。
⑥　最終的には、全員が納得してタレントを選びます。

人材育成でファシリテーションを行う目的は「参画意欲の向上」

会議やミーティングでよくあるケースとして、５つの案が出てくればその中から１つを選ぶというパターンです。そうすると、選ばれた案を提案した社員は嬉しいですが、選ばれなかった案を出した社員は面白くなく、それが続くと「どうせ私が言っても採用されないから」と考え、真剣に考えないようになります。結果として、一定の社員だけが意見を言い、それが採択されるという繰返しになり、白けた会議やミーティングになります。

しかし、ファシリテーションでは、全員が意見を言い、その共通点を探して新しいアイデアや案を考えるので、全員の意見が反映されます。

ポイントは「全員の意見を尊重する」

会議やミーティングでは、最低限の意見しか言わない、もしくはずっと聞いているだけという社員も多いはずです。

しかし、ファシリテーションを行い、全員の意見を尊重することで、社員が存在価値を感じて活き活きと意見を述べるようになります。きっとあなたが1人では考えられないようなアイデアや意見が出てくるでしょう。

11　スキルを有効活用しよう

スキルの使い時を見極めよう

スキルは、適切なときに使用することで効果が出ます。強力な武器になります。社員はぐっと成長するでしょう。

ところが、適切でないときに使用してしまうと、マイナスになってしまうことがあります。社員からの信頼がなくなるなど、致命的なマイナスになる場合もあります。

それぞれの場面でどのように使用するかを見極める必要があります。スキルを身につけることは必要ですが、あまりに1つのスキルに頼ってはダメですし、1つのスキルが完璧ということはありません。

第6章で伝えたいこと

第6章の内容をまとめると、次のようになります。

・コミュニケーションとは相互理解であり、相手を理解することから始める。
・その次に、自分の考えや意見を伝えるが、相手によって伝え方を変える。
・「社員を主役」にして伝えると、自ら動こうという気持ちを起こさせやすい。
・その業務にあまり経験がないときは「ティーチング」、あるときは「コーチング」が効果的である。
・「ほめる」「叱る」は、常日頃から社員を観察し、社員目線で行う。

すべての目的は、「社員の成長」です。人材育成のスキルなので、これは当然のように思うのですが、実際に行うと「目的と手段」が入れ替わることがよくあります。コミュニケーションを取ることが、コーチングを行うことが、目的になってしまう場合があります。

常に目的と目標を確認し絶対にブラさない

そうならないように、社員の目指すべき人材像を常に意識しましょう。「この社員には1年後にこのようになっていて欲しい」という思いを週に1回は確認し、今週は何を指導しようか？　どのように指導しようか？　を考えるとよいでしょう。

全員を同時に行う必要はありません。今週はAさんとBさん、来週はCさんとDさんと、指導する中心を定めて指導していくのも1つの方法です。

ポイントは「人材育成は根気強く、社員の能力を信じて行う」

人材育成で大切なことは、「慌てない、焦らない」ことです。人間は、一歩ずつしかステップは上がりません。たまに数段を飛ばして上がるときはありますが、長続きはしません。そういう社員に限って伸び悩みが起こったりします。

教えるとすぐにできる社員とできない社員がいます。この2つのパターンは、能力の差ではなく、「器用さ」なのです。上手くできる社員は能力が高いと考えがちですが、能力とは関係ありません。6か月後や1年後に最初に伸び悩んだ社員のほうができる仕事が多くなっているのは、よくあることです。

あなたもいろいろな場面を経験し、その都度スキルを身につけていってください。スキルや知恵は経験を通してしか得られません。

人材育成を通して、全員で成長しましょう。人間は「日々成長」です。

第7章　組織での人材育成に取り組もう（What 何をすべきか？）

1　個人面談の進め方

人材育成の代表的な3つの仕組み

第7章では、人材育成を会社として取り組んでいくために、「社員を育てる」風土をつくっていくための人材育成の仕組みづくりについて紹介します。

仕組みづくりとは、「誰が行っても一定以上の効果を得られる制度やルールなどをつくる」ことです。人材育成では、どのような仕組みづくりが必要なのでしょうか？　これも正解はありません。あなたの会社の社員を「目指すべき人材像」に育成していくために何が必要かは、時期やそのときの会社の状況によっても違います。

ここでは、代表的な「個人面談」「人事考課」「研修体系」について紹介します。

個人面談のメリット

個人面談は、1on1（ワンオンワン）とも呼ばれ、ファシリテーションとともに最近は注目を浴びています。

個人面談のメリットは、次のとおりです。

①　個人の問題や課題がわかり、解決策もゆっくりと話せる。

② 定期的に開催することができる。
③ 社員と２人なので、社員が他のメンバーを気にせずに話せる。
④ あなたが話した内容を理解しているかどうかがわかりやすい。

個人面談は、１か月に１度か２度、定期的に行いますので、必ず話すことができます。人材育成だけではなく、社員とコミュニケーションを取る非常によい機会ですので、最優先で行ってください。時間があるときに、暇そうな社員から行おうということではありません。人材育成という目的を考えたときには、定期的に行う必要があります。

個人面談を実施しても大切なのは「日頃の指導」

忘れてはならないのが、日常の指導です。１か月に２度も定期的に面談をしているので、日常の指導はいいじゃないかと考えるかもしれませんが、もし止めるとすれば面談です。

面談は、「日常の指導のまとめ」という位置づけと考えてください。指導をしようとしたがタイミングをなくしたとか、指導したが社員が納得しなかったなどを補う機会にすぎません。その点を間違えないようにしましょう。

個人面談の進め方

個人面談は雑談ではありません。テーマを決めて進めていくことが大切です。１年の目標を面談で進捗状況を確認するのもよいでしょうし、毎回課題を出してその結果を面談で確認するのもよいでしょう。

なるべく社員に話をさせたほうがよいですね。社員が何を考えているのか、どのように思っているのかを知るよい機会です。

進捗確認の場合も、まずは社員自らに進捗状況を発表してもらい、その後にあなたが意見を言ってどう思うかを確認するなどのやり方がよいでしょう。

一方的な指導だけであれば、個人面談を行う必要はなく、日常の指導で行うことが可能です。

ポイントは「個人面談の目的を忘れない」

個人面談も人材育成が目的であるということを忘れないように臨んでください。社員だけではなく、あなたも社員の成長のために何を言えばよいかを準備し、成功体験をするためにどのようなサポートができるかも考えておきましょう。目的に沿った活用をしてください。

2 人事考課は日頃の指導の集大成

人事考課の目的

人事考課は、半年か1年に1度、社員の業績や姿勢などについて評価を行うものです。しかし、ほとんどの会社で、単に評価だけではなく、人材育成を目的に入れています。人事考課を通して人材育成をしていこうという狙いです。

人事考課をどのような目的で実施するかは、会社の考え方次第です。「評価」のみでも結構ですし、「評価＋人材育成」でも結構です。どのような会社を目指すのかによって、人事考課の目的は変わってきます。

人材育成を目的にした人事考課の場合の注意点

人材育成の目的を入れるのであれば、単に評価のみを伝えるのは間違いです。なぜその評価になったのか？　どこがよくて、どこが悪かったのか？　来期はどうすれば評価が上がるのか？　などを伝える必要があります。

ここでも面談は行ったほうがよいでしょう。時間をゆっくり取って、あなたの考えと社員の考えを両方突き合わせて、それぞれの言い分を十分に話し、お互いが納得しないと次のステップには進めません。

評価面談のゴールは、「社員がやる気に満ちていて、来期に向かって希望を持っている状態」へ持っていくことです。

したがって、そこへ持っていくために、何をどのように伝えるのかを事前にしっかりと練って、どのような反論や質問がくるのかも予想をしておく必要があります。

人事考課は社員にとっても重要なもの

人事考課は、社員に非常に大きな影響を与えます。

人事考課は、給与や昇進とも連動しているケースが多いので、社員も生活がかかっています。真剣に取り組む必要があります。年功序列の会社では何とも思わない社員が多いですが、そのような会社では、特に中小企業では発展していくのは難しいでしょう。社内が停滞するだけです。

そのため、経営者や管理職者が、人事考課についての正しい知識や認識を持つことから始めなければなりません。人事考課の目的や制度を理解して、人材育成に活用しましょう。

ポイントは「日頃の指導を大切にしよう」

人事考課は、日頃の指導の集大成と考えてください。

半年間ほめ続けたのに、評価はマイナスなんてことはあり得ません。「ほめる＝基準をクリアしてよい評価」と考えるならば、日頃は仕事が非常にできているのに、評価が悪いということになります。

これを聞いた社員は、「何を言っているのかわからない。評価が悪いなら、そのときに言ってよ」という気持ちになります。あなたに対する信頼は一変するでしょう。

逆に、日頃は厳しい指導ばかりしていても評価がよい場合はどうでしょうか？　社員が思っているよりよい評価だと、特に何も言ってこないと思いますが、「たまにはほめてよ」と思うかもしれません。場合によっては、信頼が一変する可能性はあります。

日頃の指導と人事評価は、非常に高い関連性があります。日頃からどのような指導をしたのかを書き留めておいたほうがよいでしょう。

3　研修体系を作成しよう

研修体系を作成するメリット

目指すべき人材像を達成していくための研修体系をつくりましょう。

ただし、研修体系を作成するには時間がかかります。最初は、研修を行いながら作成していくのがよいでしょう。

研修体系を作成するメリットは、全体像が見えることです。目指すべき人材像を明確にしても、ほとんどの社員は「どうやってなるの？　自己学習？」と思います。

社会人として、本来は自己学習で伸ばして欲しいところですが、それでは時間がかかり過ぎます。また、個人差も大きく出てしまい、組織としての成果を考えた場合、大きなプラスにはなりません。やはり全員の能力を上げる必要があります。

そこで、研修が効果的なのです。社員にとっても、目指すべき人材像になるための道筋が見えることで、動機づけになります。

研修体系を作成するときの注意点

研修体系は、目指すべき人材像になるために作成するのですが、人事制度に合わせる必要があります。目指すべき人材像と人事制度が合致していることが前提です。

等級がある場合は、そこで求められている能力やスキルを身につける研修を作成する必要があります。最初から完璧な研修体系はつくれませんが、新任○○研修の階層別研修から作成するのがよいでしょう。新卒・中堅・管理職者・部長など様々な階層がありますが、最初の段階で、「会社としてどのような役割を求めているか?」「その役割を果たすための心構えや能力・スキル」を教えることは必要です。

管理職研修を行って、「管理職者の役割は何でしょうか?」と質問しても、今までに答えられた人はいません。人材育成や業務改善は役割を果たすために「しなければならない」ことです。役割を知らずに日々の仕事を行っているということは、会社にとっても、管理職者にとっても、部下にとっても、不幸なことです。

外部研修を上手く活用しよう

外部研修と社内研修を上手く使い分けることもポイントです。最終的には内製化をおすすめしますが、外部も利用してください。

最初は、外部研修へ派遣したり、講師を招いて研修を実施するのがよいでしょう。部長クラスになると外部研修へ派遣したほうがよい場合もあります。それぞれの特長と社内の状況を考えて、決めていきましょう。正解はありません。

ポイントは「先を見据えた人材育成を行おう」

研修体系がないと、行き当たりばったりの研修内容になってしまう危惧もあります。会社にとって必要な研修は、時期によって異なります。その都度ごとに研修を行っていると、目指すべき人材像に近づいているのかどうかわからなくなるときがあります。

社員も同じで、研修の目的がわからないまま受講するという現象がおき、研修の効果が落ちてしまうこともよくあります。軸となる研修体系があって、補足としてそのときに必要な研修を実施するという進め方がよいでしょう。

研修体系は、「目指すべき人材像」に向けて、そのときに必要な研修は、「問題解決」のために行いましょう。

4　ゴールは「研修がない」状態

究極の人材育成「組織育成」

研修体系をつくりましょうと述べましたが、最終的に目指して欲しいのは「研修がない状態」です。

研修に頼るのではなく、社員同士で育成し、育成される「組織育成」です。これは、「究極の人材育成」と言っても過言ではありません。

上位職者が下位職者に、先輩が後輩に、または同僚同士でＯＪＴを行いながら、必要な心構えや能力などを社員が身につけていくという状態です。伝えるほうも成長しますので、共育（ともに育つ）になります。

研修体系が整備されている会社では、研修とＯＪＴを割り切って、研修内容を上位職者が知らないし指導もしないということが結構な割合で起こります。この真逆なのですが、社員全員で社員を育成していきます。

組織育成を行うまでの道は遠いが…

この状態になるには、10年単位が必要になります。この状態にするまでに、かなりの労力が必要になります。しかし、この状態が出来上がっていれば、新入社員がいても大丈夫です。間違いなく成長します。「社員が人を育てる」という会社の風土をつくり上げます。

最初は、社員全員が自分の役割を認識し、役割を果たすための研修を行うことは必須です。さらに、社員の仕事や会社へのモチベーションが高く、自ら勉強しようとか、成長しようというやる気を高くすることも必要です。

制度を整える必要もあります。会社のすべての制度を人材育成に結びつける必要があります。外部の力を借りることも必要でしょう。これは夢のような話に聞こえるかもしれませんが、何十年も続く大企業では比較的できていることが多いです。

新卒新入社員研修などの最低限の研修は実施しますが、基本的にはＯＪＴで社員を育てていける会社は、意外と多くあります。売上や利益だけではなく、人材育成に関しても、大企業のよい部分を取り入れましょう。

組織育成に向けて経営者がすべきこと

会社で「研修がなくて人材育成ができる状態」をつくったり、「社員が人を育てる」風土をつくるためには、「なぜ人材育成が必要か？」を常に問い続けることです。そして、企業理念や会社の方向性などを定期的に確認し、ぜったいに軸をブラさないことです。

最優先に取り組む事項であることを、肝に据えなければなりません。

ポイントは「研修ではなくＯＪＴで人を育てる」

組織育成はＯＪＴが中心になります。研修を行えば人材育成ができるという考えとは全く違う考え方です。

今まで述べてきたように、研修は、人材育成の１つのツールです。それ以上に効果的なツールは「ＯＪＴ」です。

人材育成は、会社の将来の発展のために行うものです。社員全員が成長すると会社は発展します。この点を再確認し、ＯＪＴで社員を育成するシステムを考えましょう。

5　社員が「辞めたくない」会社をつくる

人が集まらないのは会社に魅力がないから

「この業界には新卒は来ない」「中小企業には人は来ない」という声を聞きます。本当にそうでしょうか？

長い間、飲食業界は同じようなことが言われていました。しかし、ある会社は、新卒を採用するのに困らない状況になっています。その会社は、社員教育や育成に力を注いでいます。お金と時間を投入しています。その他の人事制度や福利厚生なども充実させています。

その結果、新卒採用に全く困らない状況になっています。その会社の離職率は、店舗で働く社員も含めて低いです。社員も長く働いているので、会社の業績は順調に向上しています。新卒でも、中小企業でも、人が集まる会社には集まっています。

人が集まるのは「自分の将来像がイメージできる」会社

採用は、社会からの1つの基準ではあるのですが、だからと言って「どうしたら新卒や入社希望者が来てくれるのか？」ばかり考えていても、問題は解決しません。「どういう会社に入社希望者は集まるか？」を考える必要があります。

もちろん、給与や福利厚生面などはあるでしょう。ここは土台として必要です。しかし、もっと大切なのは、「その会社で働いている社員はどう感じているか」です。社員が自分の存在価値を感じて、活き活きと元気に働いていればどうでしょうか？　その姿を見たときに、「一緒に働いてみたい」と思うのではないでしょうか。

そして、自分がそのような姿で働いているイメージができれば、きっと入社するでしょう。採用者を増やしたいのなら、社員が誇りと自信を持てる会社にすることです。

従業員満足度と従業員幸福度は車の両輪

「社員が辞めない会社」という言葉はよく出てきますが、目指すべき姿はもっと上です。「社員が辞めたくない会社」です。社員がその会社で働くことが楽しくて、「一生ここで働きたい」と思う会社にすることです。これは最強だと思いませんか？

そのためには、第1章で紹介した「従業員満足度」と「従業員幸福度」の両方が高くなければなりません。短期的に見ると従業員満足度が高いほうがよいですし、長期的に見ると従業員幸福度が高いほうがよいです。

従業員満足度と従業員幸福度は、車の車輪です。前輪が従業員満足度で、後輪が従業員幸福度です。同じ速さで動かないと、車は前に進みません。どちらかが止まったり、速度が遅いと、会社は発展していきません。

会社に愛想を尽かして、優秀な社員から辞めていきます。本書で紹介しているのは、「従業員幸福度を上げる」という点です。

ポイントは「従業員幸福度を上げ、社員が辞めたくない会社をつくる」

社員が辞めたくない会社ができあがると、今まで以上の商品やサービスをつくることできるようになり、お客様や取引先は喜びます。しかも、仕事の目的が明確なので、一発屋ではなく、継続して製品やサービスをつくることができます。会社は間違いなく発展します。

採用のことを考えるより、社員が辞めない会社をつくろうと考えるより、「社員が辞めたくない会社」を目指して、目的思考で考えていきましょう。

6　経営者の想いが伝わる

社員を動かすのは制度やルールではない！

人を集めるために人材育成を行うとか、とりあえず研修でもしておこうかというのでは、社員にその想いがそのまま伝わり、社員は何も動きません。もちろん、成長もしません。お金と時間の無駄遣いになるだけです。このような経営者ほど、「研修をやっても成果が出ない」と言います。

ここまで紹介してきた内容を実施できるかどうかは、経営者の覚悟の強さ・想いの強さにかかっています。

「社員を動かすのは、経営者の気持ち」です。社員は、経営者をとてもよく観ています。経営者が本気かどうかは、すぐにわかります。

あなたの覚悟を書き出しましょう

あなたの覚悟を書き出しましょう。どれだけの想いを持って人材育成に取り組めますか？　記入してみましょう。

①　人材育成はなぜ必要ですか？
↓

②　どのような人材になって欲しいですか？　なぜそのような人材になって欲しいですか？
↓

③　人材育成は、あなたのすべての業務の中で優先順位は何番ですか？　なぜですか？
↓

④　人材育成にどれくらいの覚悟がありますか？
↓

即答できましたか？

この先ずっとこの質問に即答できますか？

今は即答できても、半年後はどうでしょうか？　1年後はどうでしょうか？　売上が順調で忙しいときはどうでしょうか？　売上が落ちて厳しいときはどうでしょうか？

人間である以上、気持ちがぐらついてしまうのは当然です。悪いことではありません。そのときに、この4つを自問自答してください。そして、紙に書いてください。考えるだけでは不十分です。書くことで視覚を通しても想いを確認してください。

ポイントは「社員への想いがすべてを決める」

覚悟についてですが、人材育成を始める前に人材育成への想いを社員に宣言してください。そして、1か月以内に10回以上、同じ言葉を繰り返し社員に伝えてください。言った以上は引き返せません。やるしかありません。社員も観ています。経営者が有言実行をするかどうか。真剣にやらなければ、経営者の信頼は失墜します。

やり遂げるためには、「社員に成長してほしい。幸せになってほしい」という想いを途切れることなく持つことが必要です。社員への想いを持ち続けることができるか？

これが覚悟です。あなたはできますか？

あとがき

人材育成は難しいですよね。なぜなら、相手が人間だからです。

相手がＡＩやロボットだと楽です。メンテナンスさえしておけば、最低限にやることはやってくれます。成果を求めなければ役に立ちます。

でも、人間は、価値観や考え方が１人ひとり違います。同じ言葉で伝えても、動機づく人もいれば、全く動機づかない人もいます。不平不満を言うこともあります。人間の多くのイライラの原因は「人」です。

しかし、だからこそ大きな成果を上げることができるのです。

ＡＩやロボットは、指示したとおりに動くので、毎回同じ結果を得ることができます。何年経っても変わりません。

人間の違う考え方や価値観を利用すれば、時として10倍の成果を得ることができますし、場合によっては、２分の１になります。それだけ人間のほうが、大きな可能性があります。

ルーティンワークや決まった手順の製作は、ＡＩやロボットが向いていますが、それ以外は人間のほうが向いています。

私も、人材育成には大変苦労しました。人材育成ができずに、一人で仕事を抱え込み、残業ばかりしていました。辛かったです。部下に当たり散らしたこともありました。結果として、降格や減給になりました。

このような私ですが、人材育成で数少ない成功体験もあります。また、入社者の研修を行っていたので、社内で顔見知りが多く、上手く人材育成を行っている管理職者に教えてもらったこともあります。そのような、失敗例と成功例を集めたのが、本書です。

人材育成で悩んでいるということは、社員や部下と真剣に向き合っている証拠です。会社のことを真剣に考えている証拠です。胸を張ってください。

会社のことも、社員のことも、考えなければ悩む必要はありません。人材育成で悩んでいることに自信を持って、本書を参考にしながら第一歩を踏み出しましょう。

想像してみてください。イメージしてみてください。

社員全員が、笑顔で、楽しそうに働き、各人の能力を最大限に発揮している状態を。

そのときの売上はどうなっているでしょうか？　社会での評価はどうでしょうか？

そのような会社は、必ずつくることができます。

最後になりますが、本書が書けたのは、今まで私にかかわっていただいたすべての方々のおかげです。

両親や親戚・兄弟・家族をはじめ、学生時代の先輩・後輩、社会人になってからの上司・先輩・同僚・後輩、取引先の方々、そして何より研修を受講していただいた方々などなどが、私に数え切れないほどの経験と知識を与えてくださいました。

本当は、お1人おひとりに直接お会いしてお礼を伝えたいですが、それもかなわず、この場をお借りしてお礼を申し上げます。

本当にありがとうございます。水内浩秀は皆様全員に育てていただきました。

水内　浩秀

著者略歴

水内　浩秀（みずうち　ひろひで）

ヒューマンディベロップメント研究所代表。企業研修講師。企業理念コンサルタント。

約30年間、会社員を経験した後に、独立する。

製薬会社から始まり、飲食業、アミューズメントと転職を行う。会社では20年間人材育成を担当する。非常に多くの失敗から、「人生や仕事を楽しくするには、本質を理解する」ことを学ぶ。

現在は、企業研修講師として、「本質」を伝えることに奔走している。

個人理念　「みんなを笑顔に！　広げよう笑顔の輪!!」

ヒューマンディベロップメント研究所のホームページ
http://www.human-dl.com

書籍や人材育成・社内研修に関するご質問は、ホームページの「お問い合わせ」からお願いします。

会社にとって人材に勝る戦略はなし！　できる社員の育て方

2020年11月26日 発行

著　者　水内　浩秀　© Hirohide Mizuuchi
発行人　森　　忠順
発行所　株式会社 セルバ出版
〒113-0034
東京都文京区湯島1丁目12番6号 高関ビル5B
☎03（5812）1178　FAX 03（5812）1188
http://www.seluba.co.jp/
発　売　株式会社 三省堂書店／創英社
〒101-0051
東京都千代田区神田神保町1丁目1番地
☎03（3291）2295　FAX 03（3292）7687

印刷・製本　モリモト印刷株式会社

Printed in JAPAN
ISBN978-4-86367-622-0